Für Hadrian und Gaïa

JULIE ANDRIEU

MEINE GOURMET-TOUR DE FRANCE

GERSTENBERG

CZ-727-TJ

Seit fast vier Jahren reise ich kreuz und quer durch Frankreich, begleitet von einem Team, das die Blätter meines Reisejournals mit Leben füllte. Vier Jahre mit Begegnungen, Emotionen, Entdeckungen und Überraschungen. In diesen vier Jahren durfte ich Momente erleben, die mich die kulinarischen Reichtümer unserer Heimat bewusst werden ließen, aber auch ein Gefühl für das reiche architektonische, künstlerische, und sprachliche Erbe weckten. Die französischen Regionen sind Heimat vieler verborgener Traditionen. Egal, welches Utensil, welches Produkt, welche Handreichung, welche Gewürze, welche Zubereitungsweise Sie auch wählen, nichts ist bei einem traditionellen Rezept rein zufällig. Jede Etappe erzählt die Geschichte einer Region, die ihr eigen ist. Hinter einem Rezept steht immer ein Mann, eine Frau, eine Familie oder auch ein Dorf. Sie alle erkennen sich in diesem Gericht wieder und sehen sich in dessen Ritualen und Aromen vereint. Es scheint, als sei nichts verbindender und fröhlicher als die heimatliche Küche mit ihren typischen Rezepten, vor allem, wenn sie sich ihre Ursprünglichkeit bewahrt hat und in unseren Erinnerungen weiterlebt. Öffnen Sie gemeinsam mit mir dieses kleine Journal mit Geschichten aus meiner französischen Heimat....

Julie Andrieu

GIVERNY
PERCHE
PARIS
PROVINS
FONTAINEBLEAU
MORVAN
CHEDIGNY
HAUTE VIENNE

07

REGION PARIS UND MITTE

GRATINIERTE ZWIEBELSUPPE
VON BERNARD NOËL

Für 4 Personen
Zubereitungszeit : 15 Min.
Garzeit : 35 Min.

Einst ein Gericht, das die Arbeiter auf dem Großmarkt Les Halles nach ihrer Nachtschicht im Morgengrauen als Stärkung zu sich nahmen, ist die Suppe später zu einem Imbiss für Nachteulen geworden, die darauf schwören, um ihren Kater abzuschütteln. Die Suppe von Bernard, Koch in einem der letzten echten Bistros in Les Halles, dem Chez Denise, kann zu jeder Tageszeit gelöffelt werden, ganz mühelos und auch ohne Kater!

3 mittelgroße Zwiebeln
30 g Butter
150 g Baguette vom Vortag
1,5 l Rinderbrühe, frisch zubereitet, ersatzweise aus Suppenpulver
5 EL weißer Portwein
170 g frisch geriebener Cantal (Rohmilchkäse aus der Auvergne)
Pfeffer aus der Mühle

Den Grill des Backofens vorheizen. Die Zwiebeln schälen und in feine Ringe schneiden. In einer Pfanne die Butter erhitzen und die Zwiebeln 10 Min. darin dünsten. Das Baguette in 2 cm breite Scheiben schneiden und diese mit ausreichendem Abstand zueinander auf ein Backblech legen. Das Blech auf die unterste Schiene des Backofens schieben und die Scheiben rösten. Nach 5 Min. wenden und herausnehmen, wenn sie schön kross und gebräunt sind. Die Brühe aufkochen, über die Zwiebeln gießen, den Port zufügen und das Ganze 15 Min. bei mittlerer Hitze köcheln lassen. Mit 20 Drehungen aus der Pfeffermühle würzen. Ein Drittel der Suppe in einen großen feuerfesten Topf füllen, ein Drittel der Baguettescheiben darauflegen und mit 50 g geriebenem Käse bestreuen. Den Vorgang zweimal wiederholen, bis alle Zutaten aufgebraucht sind. Für 5 Min. unter den Backofengrill stellen, dabei die Suppe im Auge behalten. Sie sollte schön gratinieren, aber nicht zu braun werden. Mit einer Suppenkelle servieren.

Julies Tipp –

Die zuletzt in die Suppe gegebenen Baguettescheiben sollten nicht vollständig von Flüssigkeit bedeckt sein. Sonst werden sie nicht richtig knusprig.

Für 4 Personen
Zubereitungszeit : 20 Min.
Garzeit : 20 Min.
Ruhezeit : 3 Tage – 1 Woche

ENTENLEBERPASTETE MIT NUSSAROMEN VON THIERRY MARX

Wenn es darum geht, neue Grenzen auszutesten, arbeitet Thierry gerne mit dem experimentierfreudigen Chemiker Raphael Haumont zusammen. Die beiden wandeln altbekannte Rezepte ab und ersetzen in diesem Rezept etwa den mazerierten Alkohol der Gänseleberpastete durch Nussöl. Das Prinzip ist einfach: Wird Wasser über ein Stück Butter gegossen, dringt es nicht ein. Genauso wie bei diesem Gericht: Lediglich das Fett kann in die Entenleber eindringen und sie aromatisieren. Probieren Sie es aus! Was für ein Genuss!

450 g sehr frische Entenleber
1,8 g Zucker
4,5 g Salz
3,6 g frisch gemahlener weißer Pfeffer
1 Schuss Haselnussöl

Den Backofen auf 170 °C (Gasherd Stufe 6) vorheizen.

Die Leber Raumtemperatur annehmen lassen. Sorgfältig von vorhandenen Häutchen und Sehnen befreien. Rundum mit Zucker, Salz und Pfeffer würzen und mit dem Haselnussöl beträufeln.

Die Leber in einen kleinen Topf legen und etwa 1 Min.erhitzen. Mit Aluminiumfolie abdecken und anschließend 20 Min. im vorgeheizten Backofen garen. Zwischendurch die Kerntemperatur der Leber mit einem Backofenthermometer kontrollieren. Sobald eine Temperatur von 58 °C erreicht ist, die Leber aus dem Backofen nehmen, abtropfen lassen und in eine kleine Terrine mit 450 ml Fassungsvermögen legen. Auf Zimmertemperatur abkühlen lassen und dann leicht beschweren. Für 1 Std. kühl stellen, anschließend das Gewicht entfernen und die Leber mit Garflüssigkeit bestreichen. Für mindestens 3 Tage in den Kühlschrank stellen.

Julies Tipp –

Verwenden Sie 10 g feines Salz und 2 g Zucker pro Kilo Entenleber. Die Leberpastete ist zwar kein Produkt aus Paris, doch der großartige Koch Thierry Marx bereitet sie in der Küche des Mandarin Oriental, dem berühmten Luxushotel der Hauptstadt, auf seine eigene Weise zu.

HASENPASTETE MIT CIDRE
VON VÉRONIQUE

Für 8 Personen
Zubereitungszeit : 20 Min.
Garzeit : 2 Std. 15 Min.
Ruhezeit : 8 Std.

Vor einem Jahrhundert galt die Île de France als wichtigstes landwirtschaftliches Zentrum Frankreichs. Der Hase war dort zahlreich anzutreffen und galt als beliebtes Gericht. Dieses Rezept, entdeckt in der normannischen Region Vexin, an der Grenze zwischen L'Île de France und Normandie, legt Zeugnis davon ab. Hier verbinden sich die Zuckeraromen von Cidre und Karotte mit der Säure des Estragons und sorgen für eine rustikale und raffinierte Note.

20 g Butter
3 EL Olivenöl
1,5 kg Hasenkeulen, zerteilt
3 mittelgroße Karotten
3 Schalotten
1,5 l trockener Cidre
1 Bund Estragon
5 Zweige Thymian
2 Lorbeerblätter
Salz
schwarzer Pfeffer aus der Mühle
1 Kalbshaxe, vom Fleischer halbiert
2 gestrichene EL Kapern, abgetropft

Butter und Olivenöl in einem großen Schmortopf erhitzen. Die Hasenkeulenteile darin rundum anbräunen. Inzwischen die Karotten putzen und in dicke Scheiben schneiden, Schalotten schälen und grob hacken. Das Fleisch aus dem Topf nehmen und Karotten sowie Schalotten darin anrösten. Die Fleischteile erneut einlegen, mit Cidre ablöschen. Vom Estragon 2 Zweige abnehmen, den Rest gemeinsam mit Thymian und Lorbeer in den Topf geben. Mit 2 EL Salz und Pfeffer würzen. Die Kalbshaxe einlegen. Den Topf verschließen und das Ganze bei geringer Hitze 2 Std. garen.

Etwas abkühlen lassen. Eine Terrine mit 2 l Fassungsvermögen mit Klarsichtfolie ausschlagen. Einige Karottenscheiben auf den Boden legen. Hasen- und Kalbfleisch von den Knochen lösen, dabei alle kleineren Knochen und Knorpelteile entfernen. Das Fleisch würfeln. Übrigen Estragon fein hacken. Eine Fleischschicht auf den Karottenscheiben verteilen. Anschließend im Wechsel Fleischwürfel und Karottenscheiben schichten. Dazwischen gleichmäßig Estragon und Kapern zugeben und mit Salz und Pfeffer würzen. Sobald die Terrine bis 2 cm unter den Rand gefüllt ist, die Garflüssigkeit abseihen. Den Terrineninhalt damit übergießen, bis er fast davon bedeckt ist. Über Nacht kühl stellen.

Am nächsten Tag die Terrine aus der Form stürzen. Geröstetes Weißbrot, Rucolasalat und eventuell etwas Estragonsenf dazu reichen.

Julies Tipp –

Ich gebe gern noch 30 g in Streifen geschnittenen Räucherspeck in die Fleischschicht. Die fertige Terrine mit frischem Estragon garnieren.

Julies Tipp –

Den Blätterteig vor dem Servieren abkühlen lassen, damit er beim Anschneiden nicht zerfällt.

WURST-APFEL-TARTE MIT CAMEMBERTCREME VON BERNARD

Für 2 Personen
Zubereitungszeit: 20 Min.
Garzeit: 35 Min.

Bernard wohnt in der normannischen Region des Vexin unweit von Vire und kombiniert in diesem Rezept zwei Produkte seiner Heimat. Oder sollte man sagen, gleich sechs! Ein wirklich regionales Gericht, das raffiniert ist und auch Gästen gut serviert werden kann. Die Camembert-Creme, die sich hier mit der Andouille, der typischen Wurst aus Innereien, verbindet, schien gewagt, doch Bernard hat mich überzeugt!

2 Scheiben Blätterteig aus dem Kühlregal (3-4 mm dick, 12 cm Durchmesser)
1 Stange Lauch
40 g gesalzene Butter
1 säuerlicher Apfel, z. B. Reine oder Reinettes
200 ml trockener Cidre
2 EL Crème fraîche
12 Scheiben Andouille (Wurst aus Innereien), je 2 mm dick
140 g Rohmilch-Camembert

Den Backofen auf 180 °C (Gas Stufe 6) vorheizen. Die Blätterteigscheiben auf ein Backblech legen und 13 Min. im Ofen backen. Inzwischen den Lauch putzen, längs halbieren und gründlich waschen. Das Weiße zuerst in feine Ringe, dann in feine Streifen schneiden. Das Grün anderweitig verwenden. Hälfte der Butter in einer Pfanne erhitzen und die Lauchstreifen darin andünsten.

Den Apfel schälen, vom Kerngehäuse befreien und dann in dünne, gleichmäßige Scheiben schneiden. Restliche Butter in einer großen Pfanne erhitzen. Die Apfelscheiben möglichst flach hineinlegen, ohne dass sie sich zu sehr überlappen, und wenden, sobald sie von einer Seite leicht anfangen zu bräunen.

Den Cidre in einen Topf gießen und bei starker Hitze sirupartig einkochen. 1 EL Crème fraîche unter den Lauch rühren. Die Blätterteigscheiben aus dem Backofen nehmen und nebeneinander legen. Jeweils Lauchstreifen darauf verteilen. Dann Wurst- und Apfelscheiben im Wechsel dachziegelartig darauf schichten. Mit einem Backpinsel jeweils die Oberfläche mit dem eingekochten Cidre bestreichen.

Für die Camembertcreme den Käse entrinden, grob würfeln und in einem Topf bei geringer Hitze schmelzen. Restliche Crème fraîche einrühren. Die Creme zu den Tartes reichen.

KÄSEWINDBEUTEL VON CLAUDE

Für 30 Stück
Zubereitungszeit : 10 Min.
Backzeit : 35 Min.

80 g Butter
1 Prise frisch gemahlene Muskatnuss
1 gestrichener TL Salz
Pfeffer aus der Mühle
150 g Mehl
4–5 Eier (je nach Größe)
2 Handvoll frisch geriebener Gruyère

Der typische Imbiss aus dem Burgund!

Backofen auf 180–200 °C Ober-/Unterhitze (Gas Stufe 6–7) vorheizen. Für den Teig die Butter würfeln und gemeinsam mit 250 ml Wasser, Muskat, Salz und Pfeffer in einen Topf geben. Einen Deckel auflegen, das Ganze aufkochen und 2 Min. kochen lassen. Den Topf vom Herd nehmen und das Mehl auf einmal hineinschütten. Mit einem Kochlöffel kräftig umrühren, weitere 2 Min. auf dem Herd belassen, dabei ständig rühren.

Den Topf erneut vom Herd nehmen und die Eier einzeln gründlich unterrühren. Die Masse in einen Spritzbeutel mit runder Tülle füllen und im Abstand von 3–4 cm kleine Häufchen auf ein mit Backpapier ausgelegtes Backblech spritzen. Jeweils mit Käse bestreuen und etwa 30 Min. im vorgeheizten Backofen backen. Noch warm servieren und dazu einen schönen Burgunder reichen.

Julies Tipp –

Für einen kräftigeren Geschmack Gruyère durch Comté ersetzen. Jocelyne, Claudes Frau, hat mir ein Familiengeheimnis verraten: Sie setzt die mit den Teighäufchen belegten Bleche vor dem Backen in den Tiefkühlschrank. Sie können jederzeit tiefgekühlt in den Backofen geschoben werden. Allerdings verlängert sich dann die Backzeit entsprechend.

CZ·727·TJ
92

Der Morvan ist eine meiner Lieblingsregionen. Seine geheimnisumwobenen Wälder, seine verzauberten Flüsse und seine tausendjährigen Kirchen (darunter die Basilika von Vézelay, die zum UNESCO-Weltkulturerbe zählt) begeistern mich, auch wenn im Winter das Thermometer auf unter -20 Grad fallen kann!

Julies Tipp –

Sie können die Füllung schon am Vortag zubereiten und den Truthahn damit füllen. Weihnachten garen Sie ihn dann nur noch im Backofen!

Thierry geht hier nach einem sehr einfachen Prinzip vor: Er füllt den Truthahn mit zuvor gedünstetem Gemüse statt mit einer traditionellen Farce aus Fleisch und Kastanien. Dadurch entwickelt sich im Inneren des Truthahns Dampf und der Vogel gart innen und außen gleichmäßig.

WEIHNACHTSTRUTHAHN MIT GEMÜSEFÜLLUNG VON THIERRY MARX

Für 6 Personen
Zubereitungszeit: 1 Std.
Garzeit: 1 Std. 45 Min.

- 1 küchenfertiger Truthahn, ca. 3 kg
- Salz
- 4 schöne Kohlblätter
- 500 g Karotten
- 500 g Steckrüben
- 3 Stangen Lauch
- 250 g Kastenweißbrot, zerbröselt und ohne Kruste
- 400 ml Milch
- 1 Putenschnitzel, ca. 180 g, grob gewürfelt
- 1 schönes Lorbeerblatt
- 1 Zweig Thymian
- 100 g zerlassene, geklärte Butter oder Butterschmalz
- 100 ml Öl
- Salz
- Pfeffer aus der Mühle

Backofen auf 170 °C (Gas Stufe 6) vorheizen. Den Truthahn außen und innen kalt abspülen, dann trockentupfen. Mit Salz würzen. In einem Topf Salzwasser zum Kochen bringen, die Kohlblätter einige Min. darin blanchieren. Das restliche Gemüse waschen, putzen, und in etwa 5 cm lange mitteldicke Stifte schneiden. Im kochenden Wasser jeweils 4–5 Min. blanchieren. Herausnehmen, abtropfen lassen und in Eiswasser abschrecken.

Das Weißbrot in 200 ml Milch einweichen, leicht ausdrücken und gemeinsam mit dem Putenschnitzel im Mixer zu einer feinen Farce verarbeiten.

Die Kohlblätter auf Backpapier legen, jeweils mit Farce bestreichen und mit Gemüsestiften belegen. Die Blätter aufrollen, mit Küchengarn verschnüren und 7 Min. im Gemüsekochwasser garen. Mit einem Schaumlöffel herausnehmen und abtropfen lassen.

Die gefüllten Kohlblätter in die Bauchhöhle des Truthahns bugsieren, Lorbeer und Thymian zufügen. Zuerst die Keulen, dann die Flügel des Truthahns mit Küchengarn zusammenschnüren. Die Bauchhöhle mit Nadel und Küchengarn im Kreuzstich schließen.

Restliche Milch in einem Bräter erhitzen und den Truthahn hineinlegen. Das Ganze etwa 5 Min. köcheln lassen. Auf einem Gitter abtropfen lassen und mit einem Föhn einige Min. trocknen. Eine Auflaufform mit geklärter Butter und Öl einpinseln und den Truthahn hineinlegen. Im Backofen etwa 1 1/2 Std. garen. Zwischendurch immer wieder mit Bratensaft beträufeln. Vor dem Servieren das Küchengarn entfernen.

RINDERGESCHNETZELTES MIT SARDELLEN VON MICHELLE UND CHRISTINE

Für 6 Personen
Zubereitungszeit: 20 Min.
Garzeit: 2 Std. 40 Min.

Dieses Gericht war typisch für die Tavernen, die in den 1950er-Jahren am Ufer der Marne ihre Blütezeit erlebten. Auf Betreiben von Heimatliebhabern wie Christine erfahren die Tavernen seit einigen Jahren neuen Auftrieb. Dieses Gericht, das Erde und Meer verbindet, ruft die Zeiten in Erinnerung, in denen man sich hier amüsierte, tanzte und neben gutem Essen auch ein Gläschen Weißwein genoss. Seien Sie unbesorgt, das Aroma der Sardellen gibt dem Gericht lediglich eine salzige und würzige Note.

- 3 Knoblauchzehen
- 1 Schuss Öl
- 1 kg Rinderbacke, gewürfelt
- 5 Schalotten
- 2 Karotten
- 1 EL Mehl
- 1 TL Tomatenmark
- 500 ml trockener Rotwein
- 3–4 Zweige Thymian
- 2–3 Lorbeerblätter
- 100 g in Salz eingelegte Sardellen

Die Knoblauchzehen mitsamt Schale zerdrücken. Öl in einem großen Schmortopf erhitzen und Fleisch sowie Knoblauchzehen darin anbräunen. Schalotten abziehen und grob hacken. Die Karotten schälen und in Scheiben schneiden. Alles zum Fleisch in den Schmortopf geben.

Das Mehl darüberstäuben und untermischen. Kurz schmoren lassen, dann das Tomatenmark einrühren. Rotwein angießen und noch etwas Wasser hinzufügen, damit das Fleisch fast vollständig bedeckt ist. Thymian und Lorbeer zufügen, aber nicht mit Salz würzen. Den Topf verschließen und das Fleisch in etwa 2 1/2 Std. bei geringer Hitze weich garen. Die Sardellen unter fließendem kaltem Wasser abspülen und kurz vor dem Servieren untermengen. Dazu passt gedünsteter Blattspinat.

Julies Tipp –

Dieses Gericht nicht extra salzen, denn Bouillonwürfel und Speck sorgen bereits für eine salzige Würze. Sie können das Kaninchen auch bei 140 °C (Gas Stufe 5) im Backofen garen. Fügen Sie nach Belieben Kaninchenleber hinzu. Dann jedoch das Fleisch 5 Min. bei starker Hitze anbraten und 10 Min. vor Ende der Garzeit in den Topf geben.

Kaninchen in Senfsauce
nach Grossmutter-Art
von Patrice

Für 4–6 Personen
Zubereitungszeit: 20 Min.
Garzeit: 2 Std. 15 Min.

2 EL Pflanzenöl
30 g Butter
1 küchenfertiges Kaninchen, in 6 Teile geteilt, mit Kopf (optional)
200 g Champignons
2 Zwiebeln
100 g geräucherter Speck
1 EL Mehl
1 Bouquet garni (Petersilie, Thymian und Lorbeer)
1/2 milde Chilischote, in feine Ringe geschnitten
375 ml trockener Weißwein
200 ml Geflügelfond
2–3 Zweige Estragon (optional)
Pfeffer aus der Mühle
60 g scharfer Senf, z.B. Dijonsenf
100 ml Sahne

Öl und Butter in einem gusseisernen Schmortopf erhitzen. Die Kaninchenstücke darin rundherum anbraten. Dann herausnehmen. Die Champignons trocken abbürsten und je nach Größe halbieren oder vierteln. Die Zwiebeln schälen und grob hacken. Speck würfeln. Speck und Zwiebeln im Bratfett des Kaninchens anbraten.

Das Fleisch mit Mehl bestäuben, zurück in den Schmortopf geben und alle Teile gut bräunen. Das Bouquet garni und die Chilischote zufügen. Mit Weißwein ablöschen und den Geflügelfond unterrühren. Champignons zufügen, das Ganze kurz köcheln lassen, dann Estragon zufügen, mit Pfeffer würzen und einen Deckel auflegen. Das Fleisch bei geringer Hitze etwa 2 Std. garen, dabei mehrmals umrühren.
Senf und Sahne verquirlen und unter die Sauce mischen. Die Sauce kurz ziehen, aber nicht mehr kochen lassen. Alles sofort servieren.

Nur eine Stunde von Paris entfernt, zeugt Provins von einer reichen Geschichte. Die Stadt war vormals Hauptstadt der Grafen der Champagne. Umgeben von mittelalterlichen Befestigungsanlagen mit 22 Türmen besticht der Ort mit beeindruckenden Kirchen, mit Kopfstein gepflasterten Gassen und Fachwerkhäusern. Verlassen Sie Provins nicht, ohne den wunderbaren Rosengarten meines Freundes Bruno besucht zu haben.

SCHWEINEBRATEN MIT GEMÜSE DER SAISON VON CÉCILE

Für 10 Personen
Zubereitungszeit : 30 Min.
Garzeit : 1 Std. 30 Min.

3 EL Schweineschmalz (ersatzweise Öl)
1 Schweinebraten à 2 kg, z. B. vom Limousin-Schwein
3 Zwiebeln
1,5 kg Karotten
Salz
Pfeffer aus der Mühle
200 ml trockener Weißwein
einige Zweige Thymian
einige Lorbeerblätter
2 Stangen Lauch
1 kg festkochende, mittelgroße Kartoffeln
500 g Kastanien (aus dem Glas)
50 g Butter

Schweineschmalz in einem großen Bräter erhitzen und den Braten darin von allen Seiten braun anbraten.
Inzwischen Zwiebeln abziehen und grob hacken. Karotten putzen, schälen und in 5 cm lange, schräge Abschnitte schneiden. Das Fleisch aus dem Bräter nehmen, die Zwiebeln hineingeben und goldbraun braten. Die Karotten zufügen und 10 Min. mitschmoren lassen. Den Schweinebraten zurück in den Bräter legen. Kräftig mit Salz und Pfeffer würzen. Den Weißwein angießen. Einige Thymianzweige und Lorbeerblätter auf den Schweinebraten legen, dann einen Deckel auf den Bräter legen und das Fleisch bei geringer Hitze garen. Inzwischen das restliche Gemüse zubereiten.
Den Lauch bis fast zur Wurzel halbieren, gründlich abspülen und in grobe Ringe schneiden. Kartoffeln schälen, waschen und im Bräter rund um das Fleisch verteilen. Darauf den Lauch schichten. Nicht vermischen, da jedes Gemüse an seiner richtigen Position im Bräter punktgenau gart. Das Gemüse mit Salz und Pfeffer würzen. Das Ganze zugedeckt bei mittlerer Hitze etwa 1 Std. garen. Die Kastanien in der Butter anbraten und in den Bräter geben. Weitere 10 Min. garen. Den Braten in Scheiben schneiden und zusammen mit dem Gemüse servieren.

Julies Tipp –
Verwenden Sie möglichst einen Braten von der Filetspitze. Um Farbe und Geschmack zu variieren, wählt Cécile verschiedene Zwiebeln: rote, weiße und gelbe.

ENTENBRUST MIT NUSSKRUSTE
VON KARINE

Für 4 Personen
Zubereitungszeit: 20 Min.
Garzeit: 20 Min.
Ruhezeit: 15 Min.

Ganz unter uns gesagt: Dieses Rezept ist seit langem einer meiner Klassiker. Einfach, ursprünglich und fein zugleich, erinnert es mich an meine Entdeckungsreise durch die Corrèze, diese faszinierende und heitere Region, dessen geografische Vielfalt sich in ihrer Küche spiegelt. Karine wohnt im südlichen Zipfel der Corrèze, unweit dem Périgord und Quercy, und baut mit ihrer Familie Walnussbäume an. Das verlangt förmlich nach einem Rezept mit Ente und Walnüssen!

100 g Walnusskerne
3 große Zwiebäcke
100 g weiche Butter
2 Entenbrüste mit Haut à ca. 400 g
1 TL Walnusslikör
1 EL Sahne
2 EL Walnusssenf

Für die Kruste Nüsse, Zwiebäcke und Butter im Mixer zu einer feinen Paste verarbeiten. Die Paste auf eine Lage Backpapier streichen und mit einer zweiten Lage abdecken. Für mindestens 15 Min. kühl stellen.
Den Backofen auf 200 °C (Gas Stufe 7) vorheizen. Die Haut der Entenbrüste mit einem scharfen Messer abziehen, in feine Streifen schneiden und in einer Pfanne, die ausreichend groß für 2 Entenbrüste ist, leicht auslassen. Sobald sich ein guter Löffel Entenfett gebildet hat, die Haut herausnehmen und die Entenbrüste in diesem Fett auf jeder Seite 2 Min. stark anbraten.
Die Entenbrüste 5 Min. abkühlen lassen und dann auf die kalte Nusskruste legen. Diese halbieren und dann aus der Kruste die Umrisse der Entenbrüste nachfahren. Dabei einen großzügigen Rand lassen, die Kruste zieht sich im Ofen noch zusammen. Die ausgeschnittenen Krusten auf die Entenbrüste legen und leicht festdrücken. Auf ein Backblech setzen und ca. 10 Min. im Ofen garen.
Das Fett in der Pfanne mit dem Nusslikör ablöschen, die Sahne einrühren und den Herd ausstellen. Den Senf und einige Tropfen Wasser zugeben, die Sauce kurz aufschlagen. Zusammen mit den Entenbrüsten servieren.

Julies Tipp –
Karine legt die Nusskruste ins Tiefkühlfach, um Zeit zu sparen. Den Nusslikör können Sie nach Belieben durch einen leichten Armagnac (Weinbrand) ersetzen.

ROULADEN IN CIDRESAUCE
VON NICOLE

Für 6 Personen
Zubereitungszeit : 30 Min.
Garzeit : 1 Std. 20 Min.

300 g Hackfleisch vom Schweinerücken
300 g Hackfleisch von der Kalbsschulter
200 g Rohschinken, sehr fein gehackt
4 Schalotten
Salz
Pfeffer aus der Mühle
1/2 TL Vier-Gewürze-Mischung (schwarzer Pfeffer, Muskat, Gewürznelken, Zimt)
6 dünne Kalbsschnitzel
6 Scheiben geräuchertes Rinderbrustfleisch
3 Karotten
2 rote Zwiebeln
2 weiße Zwiebeln
20 g Butter
1 Knoblauchzehe
100 g Räucherspeck
2 EL Mehl
370 ml halbtrockener Cidre
2 TL Tomatenmark
300 g Champignons
3 EL Crème fraîche

Hackfleischsorten und Rohschinken vermischen. Schalotten abziehen und 2 fein hacken. Das Fleisch mit Salz, Pfeffer und der Vier-Gewürze-Mischung würzen, dann die gehackten Schalotten untermischen. Die Masse zu 6 mandarinengroßen Frikadellen formen. Jede Frikadelle zuerst in ein Kalbsschnitzel hüllen, dann mit jeweils 1 Scheibe Brustfleisch umwickeln. Jedes Päckchen mit Küchengarn zusammenbinden.

Karotten und Zwiebeln schälen, jeweils fein würfeln. Die Butter in einem Bräter erhitzen und die Fleischrouladen darin braun anbraten. Knoblauchzehe schälen, Speck würfeln.

Zwiebeln, restliche Schalotten, Karotten sowie Knoblauchzehe in den Bräter geben und anschwitzen. Den Speck einrühren und anbräunen. Das Ganze mit Mehl bestäuben und gut durchrühren. Mit Cidre ablöschen und diesen auf die Hälfte einkochen lassen. Tomatenmark untermischen.

Die Champignons säubern, in Scheiben schneiden und ebenfalls in den Bräter geben. Vorsichtig umrühren. Die Rouladen zugedeckt bei geringer Hitze etwa 1 Std. schmoren lassen. Kurz vor dem Servieren die Crème fraîche unter die Sauce rühren.

HÄHNCHEN MIT FLAMBIERTEN CALVADOS-ÄPFELN VON MIREILLE

Für 6 Personen
Zubereitungszeit : 25 Min.
Garzeit : 50 Min.

40 g Butter
2 EL Öl
1,7 kg Bio-Hähnchen (mit Leber), zerteilt
Salz
Pfeffer aus der Mühle
100 ml Calvados
6 Schalotten
200 ml trockener Cidre
2 kg Äpfel
250 g Crème double

Butter und Öl in einem großen Bräter erhitzen. Die Hähnchenteile darin rundum anbräunen. Mit Salz und Pfeffer würzen. Die Leber kurz mitbraten, dann herausnehmen. Das Fleisch mit Calvados flambieren. Schalotten schälen, längs halbieren und in dicke Ringe schneiden. In den Bräter geben, den Cidre angießen, einen Deckel auflegen und das Fleisch 15–20 Min. garen.

Die Äpfel schälen, vom Kerngehäuse befreien und achteln. Das Fleisch herausheben. Die Hälfte der Äpfel in den Bratensaft geben und das Fleisch darauflegen. Die restlichen Äpfel in Scheiben schneiden und darauf verteilen. Mit einer großzügigen Kelle Sauce übergießen. Das Ganze zugedeckt bei geringer Hitze weitere 15 Min. schmoren. Die Crème double unter die Sauce rühren.

Kurz vor dem Servieren die Leber in der Sauce erwärmen. Auf vorgewärmten Tellern anrichten und das Fleisch mit Pfeffer übermahlen.

Julies Tipp –
Nehmen Sie feste, säuerliche Äpfel. Mireille verwendet Boskoop-Äpfel.

Emilie

KALBSRAGOUT MIT PAPRIKA UND HONIG
VON ÉMILIE

Für 8 Personen
Zubereitungszeit : 15 Min.
Garzeit : 3 Std. 15 Min.

2 kg Kalbsgulasch
1 Schuss Sonnenblumenöl
2 Zwiebeln
Salz
Pfeffer aus der Mühle
2 EL Honig
2 Lorbeerblätter
1 TL edelsüßes Paprikapulver
Grün von 3 Frühlingszwiebeln
5 Gewürzgurken
800 ml Sahne

Das Fleisch von etwaigen Sehnen und Häuten befreien. Öl in einem großen Topf mit schwerem Boden erhitzen und das Fleisch darin rundum anbräunen. Mit einem Schaumlöffel herausnehmen. Zwiebeln schälen, in Ringe schneiden und einige Min. im Bratfett anschwitzen. Das Fleisch wieder zufügen. Mit Salz und Pfeffer würzen. So viel Wasser zugeben, bis das Fleisch davon bedeckt ist. Honig, Lorbeer und Paprikapulver zugeben. Das Ragout bei mittlere Hitze zugedeckt 3 Std. garen. Zwischendurch immer wieder umrühren.

Das Grün der Frühlingszwiebeln in feine Ringe und die Gewürzgurken in dünne Scheiben schneiden. Die Sahne erhitzen. Einen Schöpflöffel Garflüssigkeit, Frühlingszwiebeln und Gewürzgurken unterrühren. Die Sahne mit Salz und Pfeffer würzen.

Das Ragout zusammen mit der Sahnebrühe und einem in Butter geschwenkten, kräftig gesalzenem Gemüsepüree anrichten.

Julies Tipp –
Bereiten Sie ein cremiges Kartoffelpüree zu. Das passt gut zu diesem Ragout.

APRIKOSEN-CHARLOTTE VON CHRISTINE

Für 8 Personen
Zubereitungszeit: 20 Min.
Garzeit: 15 Min.
Ruhezeit: 8 Std.

500 g vollreife Aprikosen
50 g Zucker
6 EL Kirschwasser
200 g Löffelbiskuits

Für die Pistaziencreme:
200 g ungesalzene Pistazien
4 Blatt Gelatine (8 g)
4 Eigelb
100 g Zucker
6 EL Kirschwasser
1 TL Vanilleextrakt
200 ml Sahne

Die Aprikosen waschen und trocken tupfen. Halbieren, entkernen und jede Hälfte der Länge nach nochmals halbieren. Die Stücke in eine Schüssel legen, mit Zucker bestreuen, mit Kirschwasser und 2 EL Wasser übergießen. Gut mischen und bei Zimmertemperatur 2 Std. durchziehen lassen.
Die Hälfte der Pistazienkerne fein hacken, den Rest im Mörser zerstoßen. Gelatine in kaltem Wasser einweichen. Eigelbe und Zucker in eine Edelstahlschüssel geben und zu einer hellen schaumigen Masse aufschlagen. Über einem Wasserbad leicht erhitzen, dann 4 EL Kirschwasser und Vanille unterrühren. Bei geringer Hitze schaumig schlagen. Das Sabayon beiseitestellen.
Restliches Kirschwasser in einem kleinen Topf sanft erhitzen. Die Gelatine leicht ausdrücken, zufügen und im Kirschwasser unter Rühren vollständig auflösen. Die Sahne unterrühren. Den Topf vom Herd nehmen und die Creme abkühlen lassen.
Eine Charlottenform mit Klarsichtfolie ausschlagen. Aprikosen in einem Sieb abtropfen lassen, dabei den Saft in einem tiefen Teller auffangen. Die Löffelbiskuits einzeln hineintauchen und die Innenseite der Form mit senkrecht stehenden Löffelbiskuits auskleiden. Den Boden mit Aprikosenvierteln auslegen, dabei die Hautseite nach unten zeigen lassen. Etwaige Lücken mit kleinen Aprikosenstückchen füllen.
Sabayon und Sahnecreme vermengen, dann die gesamten Pistazien unterheben. Die Hälfte der Creme in die Form füllen, darüber zuerst eine Schicht Aprikosen und dann eine Schicht getunkte Löffelbiskuit anbringen. Mit der restlichen Creme abschließen. Mit Klarsichtfolie abdecken und einen umgedrehten Teller auflegen, damit die Charlotte schön zusammengedrückt wird. Für mindestens 6 Std. kühl stellen. Vor dem Servieren stürzen und die Folie entfernen.

Der Garten, den Claude Monet rund um sein rosafarbenes Haus in Giverny anlegte, diente ihm als Inspirationsquelle für seine Malerei…

TARTE FONTAINEBLEAU MIT HIMBEEREN UND MOHN VON FRÉDÉRIC CASSEL

Frédéric war lange Zeit die rechte Hand von Pierre Hermé und gehört heute zu den besten Pâtisseuren. Er liebt die Stadt Fontainebleau, wo er seine Pâtisserie eröffnet hat. Welche Glückspilze die Bewohner der Stadt doch sind! Frédéric verwöhnt sie mit süßen Köstlichkeiten wie dieser Tarte, eine Hommage an die Heimat. Selbst die Himbeeren, die er verwendet, stammen von seinem Nachbarn.

Für 8 Personen
Zubereitungzeit : 20 Min.
Backzeit : 30 Min.
Ruhezeit : 1 Std.

Für den Teig
175 g weiche Butter
1 Prise Salz
100 g Zucker
1 Ei, 1 Eigelb
3 EL zimmerwarme Milch
250 g Mehl

Für die Ganache
500 ml Sahne
200 g weiße Schokolade
20 ml Mohnlikör

Außerdem
250 g Himbeeren
200 ml Sahne
100 g Doppelrahmfrischkäse
4-5 Coquelicot de Nemours
(Bonbons aus Mohnblüten, optional)

Teigzutaten rasch verkneten, zur Kugel formen, in Klarsichtfolie hüllen und 30 Min. kühl stellen. Backofen auf 170 °C (Gas Stufe 6) vorheizen. Eine Tarteform mit dem Teig auskleiden und kühl stellen. Den Boden mehrmals mit einer Gabel einstechen und im Ofen 20–25 Min. blindbacken. Abkühlen lassen und aus der Form lösen.

Für die Ganache die Sahne in einem Topf aufkochen. Die Schokolade in Stücke brechen und in eine Rührschüssel geben. Mit der kochenden Sahne übergießen und so lange rühren, bis sich die Schokolade vollständig aufgelöst hat. Den Mohnlikör unterrühren und die Mischung auf dem Tarteboden verteilen. In etwa 1 Std. auf Zimmertemperatur abkühlen lassen.

Die fest gewordene Ganache mit Himbeeren dekorieren (Frédéric setzt einen Kranz aus Himbeeren um den Rand der Tarte und platziert zum Schluss die restlichen Früchte auf die Sahne). Die Sahne fast steif schlagen, den Frischkäse zufügen und das Ganze nochmals kräftig aufschlagen. Die Masse in einen Spritzbeutel mit Sterntülle füllen und die Oberfäche der Tarte damit garnieren.

Die Mohnbonbons in einem Plastikbeutel mit einem Rollholz zerstoßen. Die Tarte mit Bonbonsplittern garnieren und sofort servieren.

Esprit de Thiers

Julies Tipp –
Das Backpapier wenden und die Unterseite mit Wasser einpinseln. So löst sich das Gebäck später leichter vom Papier.
Nach 2 Tagen am besten in einem verschließbaren Gefäß im Kühlschrank aufbewahren.
Die Backzeit von 16 Min. variiert je nach Backofen, Mahlgrad der Mandeln und Körnigkeit des Zuckers.

MANDELMAKRONEN
VON FRÉDÉRIC

Massepain ist eine Art gebräunte Makrone, knusprig und weich zugleich. Das Gebäck aus dem Limousin sollte nicht mit der gleichnamigen Mandelpaste verwechselt werden, es ist der ganze Stolz des Städtchens Saint-Léonhard-de-Noblat, unweit von Limoges. Frédéric Rougerie, Mitglied der Konditorenzunft, hat uns das Geheimnis verraten. Keine künstlichen Zusätze und ganz viel Fingerfertigkeit. Eine kleine Besonderheit ist, dass die Makronen auf Strohpapier gebacken werden, darin haben früher die örtlichen Metzger ihr Fleisch eingewickelt. Sie können es gern durch Pergamentpapier ersetzen.

Für 12 Stück
Zubereitungszeit : 10 Min.
Backzeit : 16 Min.
Ruhezeit : 5–10 Min.

100 g abgezogene Mandeln
50 g ungeschälte Mandeln
2 Eiweiß (75 g)
150 g brauner oder weißer Zucker
Puderzucker zum Bestäuben

Den Backofen auf 180 °C Ober-/ Unterhitze (Gas Stufe 6) vorheizen. Die Mandeln sehr fein vermahlen. Eiweiße steif schlagen, dabei den Zucker einrieseln lassen. Die gemahlenen Mandeln gründlich unterrühren. Ein Backblech mit Backpapier belegen.

Mithilfe von 2 Teelöffeln kleine Teighäufchen auf das Blech setzen, dabei auf ausreichenden Abstand (5 cm) zueinander achten. Mit Puderzucker bestäuben. Im vorgeheizten Backofen etwa 16 Min. backen. Herausnehmen und 5–10 Min. abkühlen lassen, damit das Gebäck fest wird.

MADELEINES À LA PROUST
MIT ZITRONE, ORANGE UND PISTAZIE
VON MARIE-CLAUDE

Für 18 Stück
Zubereitungszeit : 20 Min.
Backzeit : 13 Min.
Ruhezeit : 2 Std.

Marie-Claude lebt in der Region von Châteaudun und Eure-et-Loir, in der Nähe von Illiers-Combray. Diese Kleinstadt ist bekannt geworden durch Marcel Proust, der als Kind seine Ferien im Haus seiner Tante Léonie in Combray verbrachte. Er taufte Illiers in »Combray« um und irgendwann entschied die Stadt, diesen literarischen Namen ihrem historischen Namen hinzuzufügen. Bei Proust symbolisieren Madeleines Kindheitserinnerungen.

2 Eier + 1 Eigelb
100 g Zucker
120 g Mehl
1/2 TL Backpulver
100 g leicht gesalzene Butter
abgeriebene Schale von 1/2 unbehandelten Zitrone
abgeriebene Schale von 1/2 unbehandelten Orange
1 TL Pistazienmus
Butter für die Form

In einem tiefen Teller die ganzen Eier aufschlagen, dann Eigelb und Zucker zufügen. Mit einem Handmixer mindestens 3 Min. verquirlen. Mehl und Backpulver mischen und in den Teig rühren. Die Butter zerlassen und ebenfalls unter den Teig mischen.

Den Teig in drei Portionen teilen. Zitronenabrieb unter die erste Portion mischen, die zweite mit Orangenabrieb aromatisieren und das Pistazienmus unter die dritte Portion rühren. Jeweils mit Frischhaltefolie abdecken und mindestens 2 Std. ruhen lassen.

Den Backofen auf 190 °C Ober-/ Unterhitze (Gas Stufe 6–7) vorheizen. Eine Madeleineform mit Butter ausstreichen. Die drei Teigportionen in die Vertiefungen der Form füllen und etwa 13 Min. backen. In der Form abkühlen lassen, dann stürzen. Die Madeleines am besten zum Tee servieren, so wie Marcel Prousts Tante es tat, oder eine heiße Schokolade dazu reichen.

RHABARBER-ERDBEER-TARTE VON ANNIE

Für 8 Personen
Zubereitungszeit : 30 Min.
Gar- und Backzeit : 1 Std.

Für den Mürbeteig
220 g Mehl
100 g Zucker
1 Ei
120 g Butter
50 g gemahlene Mandeln
1 Prise Salz

Für den Belag
700 g Rhabarber
170 g Zucker
350 g Erdbeeren
einige frische Minzeblätter

Julies Tipp –
Annie drückt das Rhabarberkompott nach dem Abtropfen mit einem Esslöffel noch einmal kräftig durch das Sieb, damit es den Boden der Tarte nicht zu stark durchweicht. Anstelle von 350 g Erdbeeren können Sie auch 500 g nehmen, dann schmeckt die Tarte noch fruchtiger. Für einen dünneren Boden verwenden Sie nur drei Viertel der Teigmenge.

Den Backofen auf 210 °C (Gas Stufe 7) vorheizen. Für den Teig Mehl, Zucker, Ei, Butter in Würfeln, Mandeln und Salz rasch verkneten. Den Teig zur Kugel formen, in Klarsichtfolie hüllen und 20 Min. kühl stellen.

Inzwischen den Rhabarber putzen, waschen und die Stängel würfeln. In einen Topf geben, etwas Wasser sowie 150 g Zucker zufügen. Das Ganze erhitzen und 15 Min. köcheln lassen, bis der Rhabarber zu Kompott eingekocht ist.

Den Teig auf einer mit Mehl bestäubten Arbeitsfläche ausrollen und eine große Tarteform damit auslegen. Mit einer Gabel mehrfach einstechen, dann mit Backpapier und ca. 1 kg trockenen Hülsenfrüchten bedecken. Den Teig 10 Min. backen. Papier und Hülsenfrüchte entfernen, die Backofentemperatur auf 180 °C (Gas Stufe 6) reduzieren und die Tarte weitere 10 Min. backen.

Die Erdbeeren waschen und putzen. In einem kleinen Topf 150 g Erdbeeren mit dem restlichen Zucker einkochen. Den Inhalt des Topfes durch ein Sieb in eine Schüssel streichen. Die Erdbeeren gut ausdrücken, damit möglichst viel von dem Püree verwendet wird. Den Rhabarber in einem Sieb abtropfen lassen, dabei den Saft auffangen und diesen zum Erdbeerpüree geben. Die Mischung in einem Topf zu Sirup einkochen. Das Rhabarberkompott auf dem Tarteboden verteilen.

Die restlichen Erdbeeren in Scheiben schneiden und dachziegelartig auf das Rhabarberkompott schichten. Die Tarte mit Minze garnieren und zimmerwarm servieren.

Julias Tipp –

Sollten die Birnen vollreif sein, müssen Sie sie nicht zwingend pochieren Damit der Boden der Tarte schön knusprig wird, die Tarte einige Min vor dem Ende der Backzeit auf der unteren Einschubleiste des Ofens zu Ende backen

BIRNEN-MANDEL-TARTE VON CLARA

Eines der zahlreichen ursprünglich aus Paris stammenden Desserts. Die Tarte wurde Ende des 19. Jahrhunderts von einem Konditor in der Rue Bourdaloue erfunden. Claire wohnt nur wenige Schritte von dort entfernt und ließ mich diese absolute Köstlichkeit wieder entdecken.

Für 6 bis 8 Personen
Zubereitungszeit: 35 Min.
Backzeit: 40 Min.

Für die pochierten Birnen
250 g Zucker
1 TL gemahlener Zimt
4 Prisen gemahlene Gewürznelke
5 Sternanis
5 große Birnen

Für den Mürbeteig
80 g Puderzucker
20 g gemahlene Mandeln
230 g Mehl
120 g weiche Butter
1 Ei
2 Prisen Salz
Butter für die Form

Für die Konditorcreme
150 ml Milch
50 ml Sahne
1 aufgeschlitzte Vanilleschote
2 Eigelb
40 g Streuzucker
15 g Speisestärke

Für die Mandelcreme
130 g weiche Butter
130 g Puderzucker
160 g gemahlene Mandeln
2 Eier
3 EL goldbrauner Rum
einige Tropfen Bittermandelextrakt

Für die Garnitur
20 g gehobelte Mandeln
2 EL Puderzucker

Für die pochierten Birnen 1 l Wasser gemeinsam mit dem Zucker und den Gewürzen zum Kochen bringen. Inzwischen die Birnen schälen, halbieren und vom Kerngehäuse befreien. Die Hälften im köchelnden Sirup 15 Min. pochieren. Herausnehmen, abtropfen und abkühlen lassen.

Für den Mürbeteig Zucker, gemahlene Mandeln und Mehl mischen. Butter, Ei und Salz hinzugeben. Das Ganze rasch verkneten, zur Kugel formen, in Klarsichtfolie hüllen und kühl stellen.

Für die Konditorcreme Milch, Sahne und Vanilleschote aufkochen. Die Eigelbe mit dem Zucker verquirlen, dann die Speisestärke untermengen. Die Mischung unter die heiße Milch rühren und diese zu einer sämigen Creme einkochen. Die Schote entfernen und die Creme abkühlen lassen.

Für die Mandelcreme Butter, Puderzucker und gemahlene Mandeln cremig rühren. Die Eier unterrühren. Rum und Mandelextrakt zugeben. Diese Masse unter die abgekühlte Konditorcreme rühren.

Backofen auf 180 °C (Gas Stufe 6) vorheizen. Den Teig mit den Händen einmal durchkneten, dann zwischen zwei Lagen Backpapier ausrollen. Eine Tarte- oder Springform mit Butter einfetten. Den Teig darin auslegen, dabei einen Rand hochziehen. Den Boden mit einer Gabel mehrfach einstechen. Die Mandelcreme auf dem Teig verstreichen. Die Birnenhälften mit der Öffnung nach unten kreisförmig auf den Boden setzen. Die Tarte etwa 40 Min. backen. Sollte sie nach 30 Min. zu stark bräunen, mit Aluminiumfolie abdecken. Die gehobelten Mandeln 2 Min. vor Ende der Backzeit in einer Pfanne leicht bräunen, gleichmäßig mit Puderzucker bestäuben, damit sie karamellisieren. Sobald der Zucker geschmolzen ist, die Mandeln über die Birnen streuen. Die Tarte schmeckt kalt oder lauwarm.

PAYS D'IROISE
SAINT BRIEUC
SAINT MALO
CORNOUAILLES
ANJOU
NANTES
NOIRMOUTIER
VENDÉE
SAINT-JEAN D'ANGÉLY

57

NORDWESTEN

ROSA VENUSMUSCHELN
VON ALAIN

Für 4 Personen
Zubereitungszeit : 10 Min.
Garzeit : 15 Min.
Zeit zum Wässern : 12 Std.

2 kg frische Venusmuscheln (möglichst rosafarbene)
1 1/2 Zwiebeln
1 kleines Bund Petersilie
150 g Butter
300 ml trockener Weißwein
Pfeffer aus der Mühle
2 Knoblauchzehen
Salz

Vor meiner Fahrt in die Bucht von Saint-Brieuc hatte ich noch niemals rosafarbene Venusmuscheln gesehen. Sie werden auf dem offenen Meer mit dem Schleppnetz gefischt. Wesentlich hübscher und schmackhafter als die grauen, sind sie trotzdem billiger! Und zwar aus zweierlei Gründen: Sie können nicht länger als 24 Stunden aufbewahrt werden und keiner kennt sie... einmal abgesehen von Alain und seinem Fischerfreund Jean-Michel Mercicieux!

Die Venusmuscheln in reichlich Salzwasser 12 Std. wässern, um den Sand zu lösen. Zwischendurch immer wieder wenden. Noch am selben Tag herausnehmen, abtropfen lassen und gründlich kalt abspülen.

Zwiebeln schälen und fein hacken. Petersilie waschen und grob hacken. Die Butter in einem großen Topf erhitzen. Zwiebeln und Petersilie darin anschwitzen. Mit Weißwein ablöschen und den Wein 2 Min. einkochen lassen. Großzügig mit Pfeffer würzen.

Die Knoblauchzehen abziehen, durchpressen und in den Topf geben. Salzen. Dann die Venusmuscheln zufügen, gut umrühren und den Deckel auflegen. Bei starker Hitze 5 Min. garen und dabei den Topf zwischendurch rütteln, damit sich die Muscheln öffnen. Muscheln, die sich beim Garen nicht geöffnet haben, aussortieren und wegwerfen. Noch warm genießen. Mit den Fingern essen, frisches Baguette und einen guten Weißwein dazu reichen.

Wenn Sie durch Cancale fahren, sollten Sie den Austernmarkt auf keinen Fall verpassen. Er befindet sich am Hafen von La Houle. Ich habe es genossen, dort entlang zu schlendern und die köstlichen Austern zu probieren.

MAKRELENPASTE VON CHRISTIAN UND JÉRÔME

Für 8 Personen
Zubereitungszeit : 10 Min.
Garzeit : 45 Min.

6 Makrelenfilets
6 Zwiebeln
50 ml Olivenöl
3 EL Wodka
100 g Crème fraîche
3 TL Gewürzmischung aus gemahlenem Ingwer, Szechuanpfeffer, Piment d'Espelette, Senfkörnern und Piment, z. B. vom bretonischen Koch Olivier Roellinger
Salz
Pfeffer aus der Mühle

Die Makrelenfilets sorgfältig entgräten und die Haut abziehen. Damit der intensive Makrelengeschmack nicht zu stark ist, möglichst nur das schöne weiße Fleisch verwenden.
Die Zwiebeln schälen, fein hacken und im Olivenöl goldgelb dünsten. Wodka zufügen und dann Crème fraîche sowie Gewürze unterrühren.
Die Hälfte der Makrelenfilets in einer Küchenmaschine zu einer Paste verarbeiten. Die restlichen Filets fein würfeln. Makrelenpaste und -würfel mit der Zwiebel-Crème-Mischung zu einer glatten Creme verrühren. Die Masse in Twist-off-Gläser füllen. Die Gläser verschließen in einen Topf stellen: So viel Wasser angießen, bis die Gläser zu drei Viertel darin stehen. Erhitzen und die Paste etwa 45 Min. im köchelnden Wasserbad garen.

SEEBARSCH
IN SALZKRUSTE MIT WEISSER BUTTERSAUCE
VON JEAN-PIERRE

Für 6 Personen

Zubereitungszeit : 30 Min.

Garzeit : 1 Std.

Für den Seebarsch

3 kg grobes Meersalz,
z. B. Fleur de sel de Noirmoutier
10 Eiweiß
3 Handvoll Mehl
1 küchenfertiger Seebarsch à 1,5 kg
1 Bund Thymian
einige Lorbeerblätter

Für die Kartoffeln und den Spargel

1,5 kg festkochende Kartoffeln,
z. B. Bonnottes de Noirmoutier
grobes Meersalz
100 g leicht gesalzene Butter
200 g Wildspargel

Für die weiße Buttersauce

3 Schalotten
150 ml trockener Weißwein,
z. B. aus der Vendée
200 g leicht gesalzene Butter
200 g eingelegter Queller
(Meeresspargel)

Julies Tipp – Sollte Ihr Seebarsch zu groß für den Backofen sein, dann schneiden Sie den Schwanz ab, aber bitte keinesfalls den Kopf! Das Garen in der Salzkruste ist eine besonders schonende Zubereitungsart, der Fisch bleibt dabei zart und saftig. Eignet sich auch für Wolfsbarsch, Lachs oder Dorade!

Backofen auf 200 °C Umluft (Gas Stufe 7) vorheizen. Grobes Meersalz, Eiweiß und Mehl mischen. Die Masse sollte etwas feucht sein, damit sie sich gut verarbeiten lässt und am Fisch haften bleibt. Den Bauchraum des Fisches mit Thymian und Lorbeer füllen. Die Hälfte der Salzmischung auf einem Backblech verteilen. Den Seebarsch mit der Bauchseite nach unten darauflegen. Großzügig mit der restlichen Salzmischung bedecken und diese leicht andrücken. Nur Kopf und Schwanz sollten noch herausragen. Im Ofen ca. 30 Min. garen.

Kartoffeln mit grobem Salz abreiben und waschen. In einen großen Topf geben und zur Hälfte mit Wasser bedecken. Die Butter in dicke Scheiben schneiden und zugeben. Die Kartoffeln zugedeckt 20 Min. bei mittlerer Hitze garen. Zwischendurch den Topf immer wieder rütteln. Sobald das Wasser fast vollständig aufgenommen ist, den Deckel abnehmen und die Kartoffeln in der Butter bräunen lassen. Immer wieder leicht schwenken. Den Spargel von den Enden aus auf ca. 17 cm einkürzen, waschen und in kochendem Salzwasser in 8–10 Min. bissfest garen.

Schalotten schälen, fein hacken und in einen kleinen Topf geben. Weißwein angießen und die Schalotten dünsten, bis der Wein vollständig verdampft ist. Die Butter würfeln und zugeben. Bei geringer Hitze zerlassen und den Topf immer wieder schwenken. Den Queller abtropfen lassen, gründlich abspülen, grob hacken und in die Butter geben. Die Salzkruste auf der Oberseite längs einschneiden und die Haut des Fisches entfernen. Das Fischfleisch auf Tellern anrichten. Dazu Kartoffeln, Spargel und die weiße Buttersauce servieren.

SEL MARIN
de l'île de
NOIRMOUTIER
naturel
1 KG

Louis Boutolleau arbeitet in den Salzgärten von Noirmoutier. Er und ein paar passionierte Gleichgesinnte haben der traditionellen Salzgewinnung auf der Insel wieder neues Leben eingehaucht.

STOCKFISCH-GRATIN VON MARIE-THÉRÈSE

Marie-Thérèse ist mit einem Neufundländer verheiratet, einem Stockfisch-Fischer, der sechs Monate im Jahr ins kanadische Neufundland zieht. Sie weiß, wie man Stockfisch richtig zubereitet! Dieses Stockfisch-Gratin kann den Einfluss der englischen Nachbarn nicht verleugnen und ähnelt dem englischen »Fish Pie«.

Für 12 Personen
Zubereitungszeit : 25 Min.
Garzeit : 45 Min.
Zeit zum Wässern : 24 Std.

Für das Gratin
2 kg Stockfisch, filetiert
Pfeffer aus der Mühle
4 Knoblauchzehen
4 Thymianzweige
5 Lorbeerblätter

Für das Kartoffelpüree
1,5 kg mehligkochende Kartoffeln
800 ml Milch
80 g Butter
1 Handvoll geriebener Hartkäse
Salz

Für die Mehlschwitze
70 g leicht gesalzene Butter
70 g Mehl
500 ml Milch
2 Handvoll geriebener Hartkäse

Außerdem
2 Handvoll geriebener Hartkäse
20 g Butter in Flöckchen

Den Stockfisch 24 Std. wässern. Dabei das Wasser zwei- bis dreimal wechseln.
Den Stockfisch in einen Topf legen und großzügig mit Wasser bedecken. Mit Pfeffer würzen. Die Knoblauchzehen schälen, zerstoßen und zusammen mit Thymian und Lorbeer zum Fisch geben. Das Ganze zum Kochen bringen. Die Hitze reduzieren, sobald das Wasser anfängt zu sieden, es sollte keinesfalls kochen. 2 Schöpflöffel Kochwasser abnehmen. Den Stockfisch abgießen, abtropfen lassen und grob zerteilen.
Die Kartoffeln schälen und in einen Topf mit kaltem Salzwasser legen. Zum Kochen bringen und weich garen. Abgießen und durch die Flotte Lotte in eine Schüssel pressen. Die Milch in einem Topf erhitzen. Heiße Milch und 80 g Butter unter das Püree mischen,

Julies Tipps –
Würzen Sie das Kartoffelpüree zusätzlich mit frisch geriebener Muskatnuss.
Die Milchmenge beim Püree kann je nach Kartoffelsorte variieren, manche Kartoffeln sind 'durstiger' als andere, jedenfalls sollte das Püree schön cremig sein, sonst werden die Gratins zu trocken.

dann 1 Handvoll Käse unterrühren. Für die Mehlschwitze die Butter in einem Topf erhitzen. Mehl dazusieben und 30 Sekunden rühren, damit sich die Zutaten gut verbinden. Die kalte Milch zügig zufügen und die Sauce unter mehrmaligem Rühren sämig einkochen. Eventuell noch etwas Stockfisch-Kochwasser zufügen. Die Sauce sollte weder zu flüssig noch zu fest werden. Den Käse unterrühren.

Backofen auf 200 °C (Gas Stufe 7) vorheizen. Die Stockfisch-Stücke auf 2 große Auflaufformen verteilen, mit Mehlschwitze bedecken und jeweils Kartoffelpüree darüber schichten. Mit geriebenem Käse bestreuen und mit Butterflöckchen besetzen. Die Gratins etwa 20 Min. im Ofen garen.

Julies Tipps –

Laut Annaïg ist es zwingend erforderlich, Hummer lebend zu schneiden, um alle Säfte aufzufangen! Das ist Ansichtssache! Sie sollten ihrem Beispiel nicht unbedingt folgen. Vergessen Sie nicht, die Vogelaugen-Chilischoten sowie die Fühler am Kopf des Hummers herauszunehmen. Für den Fischfond verwendet Annaïg Pollack.

HUMMER À L'AMERICAINE
VON ANNAÏG

Für 12 Personen
Zubereitungszeit : 35 Min.
Garzeit : 1 Std. 10 Min.

Für den Fischfond
500 g Fischkarkassen (Gräten und Abschnitte)
1 Zwiebel
1 Stange Lauch
50 g Champignons
20 g Butter
250 ml Weißwein

Für die Hummer
3 lebende Hummer à 1,5 kg
9 Schalotten
1 Zwiebel
1 Karotte
180 g leicht gesalzene Butter
1 EL Pflanzenöl
150 ml Cognac
1 Bouquet garni (Petersilie, Lorbeer, Thymian)
100 g Tomatenmark
600 ml trockener Weißwein
3 Vogelaugen-Chilischoten

Immer wieder wird über den Ursprung dieses Rezeptes diskutiert, das sicher nicht aus der Bretagne stammt, sondern seit vielen Jahren immer wieder von den Bretonen interpretiert wurde. Annaïg ist Fischhändlerin, sie bereitet ihr Rezept sozusagen mit geschlossenen Augen zu.

Karkassen gründlich waschen. Zwiebel schälen und fein hacken. Lauch putzen, waschen und in Ringe schneiden. Champignons sauber bürsten und in dünne Scheiben schneiden. Diese Zutaten gemeinsam mit Butter, Weißwein und Karkassen in einen großen Topf geben. Mit 1 l Wasser auffüllen und zum Kochen bringen. Bei geringer Hitze 20 Min. offen köcheln lassen. Durch ein feines Sieb abseihen.

Hummer einzeln mit dem Kopf voran für jeweils 3 Min. in sprudelnd kochendes Wasser geben. Den Deckel jedes Mal sofort schließen, damit die Temperatur weniger absinkt. Herausnehmen und abkühlen lassen. 3 Schalotten und die Zwiebel schälen und fein würfeln, Karotte putzen und ebenfalls fein würfeln. Das Gemüse gemeinsam mit 80 g Butter in einem Topf 15 Min. zugedeckt köcheln lassen.

Inzwischen Köpfe und Scheren der Hummer abdrehen. Die Schwänze mit einem großen Messer längs aufschneiden. Jeweils den Magensack, Leber, etwaigen Rogen und den dunklen Darm entfernen. Restliche Schalotten schälen und fein hacken.

Butter und Öl in einem sehr großen Topf erhitzen. Schalotten und Hummerscheren darin anschwitzen. Zugedeckt 6 Min. garen. Die restlichen Hummerteile zufügen, umrühren und bei starker Hitze 10–15 Min. anbraten. Das vorgegarte Gemüse unterrühren. Cognac angießen und kräftig kochen lassen, bis der Alkohol verflogen ist und den Fond aromatisiert hat. Dann Fischfond, Bouquet garni, Tomatenmark, Weißwein und Chilis zufügen. Zugedeckt 20 Min. köcheln lassen. In der Sauce servieren. Mit den Fingern essen!

JAKOBSMUSCHELN À LA NANTES
VON MAMÉ UND CHRISTINE

Ein absoluter Klassiker der Region, der uns tief in eine bürgerliche Küche eintauchen lässt, die alles zu verwerten wusste – selbst die Bartfäden der Muscheln schmecken köstlich! Meiner Meinung nach eines der besten Rezepte in meinem Reisejournal! Und das zudem noch sehr dekorativ aussieht!

Für 3 Personen
Zubereitungszeit : 35 Min.
Garzeit : 20 Min.

6 schöne Jakobsmuscheln
3 rosa Schalotten
50 g leicht gesalzene Butter
70 ml trockener Weißwein
2 Knoblauchzehen
1/2 Bund glatte Petersilie
Salz
Pfeffer aus der Mühle
1 dicke Scheibe Kastenweißbrot
100 ml Milch
2 EL Semmelbrösel
grobes Meersalz

Den Grill des Backofens vorheizen. Die Muscheln öffnen, hierfür den Schließmuskel jeweils mit einem kleinen, scharfen Messer durchtrennen. Muskelfleisch, Rogensack und Bartfäden herauslösen,die dunklen Teile wegwerfen. Schalen waschen und aufbewahren. Schalotten schälen und fein hacken. In 25 g Butter in einer Pfanne anschwitzen. Die Bartfäden vorsichtig waschen und sehr fein schneiden. Zu den Schalotten geben. Weißwein angießen und einkochen lassen. Knoblauch abziehen, durchpressen und zufügen. Petersilie waschen, fein hacken und ebenfalls zufügen. Mit Salz und Pfeffer würzen und die Hitze leicht erhöhen. Weißbrot entrinden, grob würfeln und mit Milch bedecken. Mit einer Gabel zerdrücken, kurz abtropfen lassen und in die Pfanne geben.
Das Muskelfleisch säubern und vierteln. Ebenfalls in die Pfanne legen, eventuell noch einmal würzen und unter Rühren 2–3 Min. garen. Diese Mischung auf 3 Muschelschalen verteilen. Jeweils 8 Stückchen Muskelfleisch in jede Muschel setzen, mit Semmelbrösel bestreuen und restliche Butter in Flöckchen darauf setzen. Den Rogen auf die Schalen verteilen. Auf einem Backblech kleine Häufchen aus grobem Salz schichten. Die Muschelschalen mit etwas Abstand zueinander darauf platzieren. Unter dem Grill 3 Min. gratinieren. Sofort servieren.

Julies Tipps –

Verwenden Sie nur eine Knoblauchzehe, wenn das Knoblaucharoma weniger intensiv sein soll. Nehmen Sie zum Herauslösen des Muskelfleischs eine kleine Palette, dann verletzen Sie das Muschelfleisch nicht versehentlich.

LAVENDEL-TALER
VON MARTINE

Für 20 Stück
Zubereitungszeit : 15 Min
Backzeit : 15–17 Min
Ruhezit : 30 Min–1 Std.

250 g Mehl
125 g Zucker
1 TL getrocknete Lavendelblüten, zerrieben
200 g weiche Butter
1 kräftige Prise Fleur de sel (hochwertiges, grobes Meersalz)

Diese knusprigen und fein aromatisierten Sandtaler sind einfach, aber köstlich!

Alle Zutaten zu einem glatten Teig verarbeiten, entweder mit den Händen oder in einer Küchenmaschine. Die Hände leicht anfeuchten und den Teig zügig zu einer Kugel formen.
Auf eine Lage Backpapier geben und mit einer zweiten Lage Papier abdecken. Zwischen dem Backpapier zu einem 35–40 cm großen Kreis ausrollen und diesen 30 Min.–1 Std. kühl stellen.
Den Backofen auf 180 °C (Gas Stufe 6) vorheizen. Aus dem Teig mit einer runden Ausstechform Taler ausstechen. Auf ein mit Backpapier belegtes Backblech setzen und im vorgeheizten Backofen 15–17 Min. backen. Die Taler sollten leicht gebräunt sein.

Julies Tipps –

Je weniger der Teig bearbeitet wird, desto knuspriger wird er. Möglichst etwas Abstand zwischen den Talern lassen, da sie beim Backen noch auseinanderlaufen. Sie können den Teig auch zur Rolle formen und diese in 1 cm breite Scheiben schneiden. Statt Lavendel können Sie Thymian oder getrocknete Minze verwenden.

QUARKCREME VON SOPHIE

Für 12 Personen
Zubereitungszeit: 10 Min.
Ruhezeit: 6 Std.

1 kg Magerquark
500 g Crème fraîche
120 g Zuckerrohrsaft
rote Beerenkonfitüre oder rotes Fruchtpüree, nicht zu stark gesüßt

Da Sophie einige Crèmet-Förmchen von ihrer Urgroßmutter aus Angers geerbt hat, entschied sie, ihren Pensionsgästen einmal dieses traditionelle Dessert zu kredenzen. Das Rezept stammt vom Anfang des 20. Jahrhunderts, doch das Ende der Förmchenproduktion versetzte diesem Dessert gleichsam den Todesstoß und so verschwand es nach und nach. Gleichermaßen angetan von Förmchen und Rezept, versuchte Sophie, die Herstellung der kleinen Formen wieder anzukurbeln. Sie können die Creme auch in einem mit einem Mulltuch ausgelegten Sieb abtropfen lassen.

Den Quark gut abtropfen lassen. Die Crème fraîche kräftig aufschlagen. Beide Zutaten vorsichtig mischen. Den Zuckerrohrsaft unterrühren.

12 Förmchen mit Löchern oder ein Sieb mit Mulltuch ausschlagen. Die Masse in die Förmchen oder das Sieb füllen. In ein großes Gefäß oder über eine Schüssel setzen und mindestens 6 Std. oder über Nacht abtropfen lassen. Aus den Förmchen oder dem Sieb stürzen. Jeder Gast darf sein Musselin abnehmen und das Crémet mit Konfitüre oder Fruchtpüree beträufeln.

Julies Tipp –

2 frische Eiweiß gemeinsam mit 1 Prise Salz steif schlagen und zum Schluss unter die Quarkmasse mengen, dann wird das Dessert noch luftiger.

MANDEL-RUM-KUCHEN AUS NANTES
VON FRANÇOISE

Für 8 Personen
Zubereitungszeit : 20 Min
Backzeit : 50 Min
Ruhezeit : 2 Tage + 30 Min

Kekse aus Nantes kannte ich, diese Kuchenspezialität jedoch nicht. Sie schmeckt köstlich, weckt gleichwohl auch traurige Erinnerungen, zeugt sie doch von einer fernen Zeit, als Nantes der erste Sklavenhafen Frankreichs war.

- Butter für die Form
- 125 g weiche, leicht gesalzene Butter
- 150 g Zucker
- 125 g gemahlene Mandeln
- 40 g Mehl
- 1/2 Päckchen Backpulver
- 100 ml goldbrauner Rum
- 3 Eier
- 3 EL Aprikosenkonfitüre
- 100 g Puderzucker

Eine Springform von 22 cm Durchmesser mit Butter einfetten. Den Backofen auf 180 °C Umluft (Gas Stufe 6) vorheizen. In einer Schüssel Butter und Zucker schaumig rühren. Die Mandeln unterrühren. Mehl mit Backpulver vermischen, in die Schüssel sieben und untermengen. Ein Drittel des Rums unterrühren. Zum Schluss die Eier einzeln unterarbeiten und alles zu einem glatten Teig verrühren. Den Teig in die Form füllen, glatt streichen und 40–45 Min. backen. Der Kuchen sollte leicht Farbe nehmen, aber nicht braun werden. Abkühlen lassen und aus der Form lösen. Kuchenrand rundum mit einem weiteren Drittel des Rums bestreichen. Die Aprikosenkonfitüre leicht erwärmen und die Oberseite des Kuchens damit bestreichen. Den Kuchen für mindestens 30 Min. kühl stellen. Backofengrill vorheizen. Puderzucker sieben, mit dem restlichen Rum verrühren und den Kuchen damit glasieren. Unter den Grill des Backofens schieben und 5 Min. einziehen lassen. Den Kuchen nochmals kühl stellen und vor dem Servieren 2–3 Tage durchziehen lassen.

Julies Tipps –

Dank des Alkohols hält sich der Kuchen 10 Tage im Kühlschrank. Alkohol und Konfitüre sollten auf dem noch lauwarmen Kuchen verstrichen werden, damit beides gut einziehen kann. Allerdings sollte der Kuchen vor dem Glasieren kühl gestellt werden. Verwenden Sie für die Glasur nur 25 ml Rum, sonst wird sie zu flüssig. Ersetzen Sie den Rum für die Glasur durch Zitronensaft, wenn der Kuchen nicht so intensiv nach Rum schmecken soll.

Das Schloss der Grafen der Bretagne in Nantes ist ein Muss für alle, die kulturelles Erbe zu schätzen wissen.

Oliver ist Gemüsebauer in Nantes und sein Gemüse ist wunderbar!

TARTE KOUIGN-AMANN AUS BUCHWEIZENMEHL
VON LUC CESVET

Für 6 Personen
Zubereitungszeit : 40 Min.
Backzeit : 40 Min.
Ruhezeit : 1 Std. 30 Min.

Dieses Rezept von Luc atmet den Duft der Bretagne. Das Buchweizenmehl gibt diesem absolut köstlichen Dessert eine fein-nussige Note.

3 g frische Hefe
110 ml lauwarmes Wasser
150 g Bio-Weizenmehl
(Type 550 oder 812)
50 g Buchweizenmehl
4 g feines Salz
200 g leicht gesalzene Butter
180 g Zucker + 1 Handvoll Zucker

Die Hefe in das lauwarme Wasser bröseln. Beide Mehlsorten zufügen und das Ganze in einer Küchenmaschine oder mit den Händen zuerst vorsichtig, dann etwas kräftiger verkneten. Sobald sich die Zutaten zu einem Teig formen, das Salz hinzufügen. Nun 5 Min. weiterkneten, bis der Teig nicht mehr an den Händen klebt. Die Schüssel mit einem Küchentuch abdecken und den Teig 1 1/2 Std. bei Zimmertemperatur gehen lassen.

Die Butter aus dem Kühlschrank nehmen. Den Backofen auf 180 °C Ober-/Unterhitze (Gas Stufe 6) vorheizen. Die Butter zu einem 20 x 20 cm großen Quadrat formen. Den Teig auf einer Arbeitsfläche zu einem 30 cm großen Kreis ausrollen. Die Butter in der Mitte auflegen, mit dem Zucker bestreuen und die vier Teigseiten nach innen klappen. Den Teig zu einem Rechteck ausrollen und erneut die Seiten zur Mitte hin zusammenklappen. Den Vorgang wiederholen. Den Teig um ein Viertel drehen und zu einem etwa 25 cm großen Kreis ausrollen.

Eine Springform von 20 cm Durchmesser mit Backpapier auskleiden. Den Teig wenden und in die Form legen. Einen Rand hochziehen. Den Boden mit 1 Handvoll Zucker bestreuen. Den Kuchen auf der unteren Einschubleiste etwa 40 Min. backen. Vor dem Servieren vollständig abkühlen lassen. Dazu Apfelsaft oder ein Glas Cidre reichen.

Julies Tipp –
Beziehen Sie das Buchweizenmehl möglichst direkt bei einem Bio-Hersteller. Viele Betriebe bieten ihre Produkte auch online an.

CHARENTER GALETTE MIT ENGELWURZ
VON MICHÈLE

Für 2 Kuchen (à 16 Stücke)
Zubereitungszeit: 15 Min
Backzeit: 20 Min

Die Charente ist nicht gerade für ihre Desserts bekannt, aber allein durch diese Galette verdient sich die Region höchste Konditorehre. Die Galette ist ein Zwischending zwischen Sandkuchen und Torte, gleichzeitig weich und krümelig. Liegt es an meinen Charenter Wurzeln? Ich muss eingestehen, dass ich eine Schwäche für diese Galette habe. Früher setzte der Hausherr sie mit einem Knall in die Mitte des Tisches, um sie in Stücke teilen zu können. Egal, auf welche Weise Sie die Galette genießen, probieren Sie dieses extrem einfache Rezept. Verwenden Sie möglichst eine qualitativ gute Butter. Den Unterschied schmecken Sie!

300 g Mehl
220 g Zucker
1 Päckchen Backpulver
2 Päckchen Vanillezucker
120 g weiche Butter
1 Prise Fleur de sel (hochwertiges Meersalz)
2 Eier
50 g kandierte Engelwurz, fein gehackt
1 EL Milch
Butter für die Form

Den Backofen auf 230 °C Umluft (Gas Stufe 8) oder 250 °C Ober-/Unterhitze (Gas Stufe 8) vorheizen. In einer Schüssel Mehl, Zucker, Backpulver, Vanillezucker, Butter, Salz und Eier mit den Händen zu einem Teig verkneten. Sobald sich ein zusammenhängender Teig bildet, die Engelwurz zugeben und einarbeiten. Den Teig halbieren. 2 Tarteformen (je 22 cm Durchmesser) mit Butter einfetten. Jeweils eine Teighälfte mit beiden Händen hineindrücken. Zwischendurch die Finger bemehlen. Die Teigoberflächen mit Milch bestreichen, damit die Kuchen beim Backen schön bräunen. Mit einer Gabelspitze ein Muster einstechen. Im vorgeheizten Backofen ca. 20 Min. backen. Sofort aus den Formen herausheben, damit das Backwerk nicht anhaftet. Abkühlen lassen, in Stücke schneiden und servieren.

Julies Tipps –

Das Backpulver sollte vor dem Verkneten nicht direkt mit den Eiern in Kontakt kommen, sonst beginnt es zu fermentieren. Am besten vorher mit dem Mehl mischen. Die Engelwurz können Sie durch kandierte Früchte nach Wahl ersetzen.

JEMAPA
LR68555
EMPLACEMENT
RÉSERVÉ PÊCHE
ACCOSTAGE PLAISANCE
INTERDIT

PAYS DE FLANDRE
BOULOGNE SUR MER
BAIE DE SOMME
PAYS DE CAUX
ROUEN
PAYS D'AUGE
COTENTIN

89

NORDEN

AUSTERN MIT SCHALOTTEN
VON GÉRARD UND ANNICK

Für 3 Personen
Zubereitungszeit : 10 Min
Garzeit : 20 Min

18 frische Austern
3 Schalotten
60 g leicht gesalzene Butter

Eine sehr ausgefallene Idee, die jedoch wunderbar zum Aperitif schmeckt. Hier haben die Austern einen einfachen, aber eleganten Auftritt.

Die Austern von Fischhändler öffnen lassen. Zu Hause die Flüssigkeit abgießen. Kurz vor dem Garen mit etwas Wasser beträufeln, damit die Austern nicht zu sehr austrocknen. Den Grill des Backofens vorheizen.

Die Schalotten abziehen und in feine Ringe schneiden. In der Butter 7–8 Min. anschwitzen. Sie dürfen noch leicht Biss haben. Die Austern in der Schale auf ein Backblech legen, Schalottenringe darauf verteilen. Das Blech 5 Min. unter den Backofengrill schieben, bis die Schalotten schön gebräunt sind. Heiß servieren.

Julies Tipp –

Puristen können sich für dieses Rezept nur leicht gesalzene Butter vorstellen, doch ich finde, dass auch eine normale Butter wunderbar passt, da die Austern kein zusätzliches Salz benötigen!

NORDFRANZÖSISCHER BOHNEN-APFEL-SALAT MIT KRÄUTERN VON CHRISTELLE

Für 4 bis 6 Personen
Zubereitungszeit : 15 Min
Garzeit : 55 Min

500 g getrocknete weiße Bohnen (z.B. Lingot-Bohnen)
1 Bouquet garni (Petersilie, Lorbeer, Bohnenkraut)
Salz
4 EL Olivenöl
2 EL Apfel- oder Cidre-Essig
1 Apfel
1 Schalotte
einige Zweige Petersilie oder Kerbel
1 EL Calvados
Pfeffer aus der Mühle

Im letzten Jahrhundert bauten die Bauern auf der Leie-Ebene noch auf über 4.000 Hektar diese wunderbaren weißen Bohnen an. Heute beschränkt sich der Anbau der Lingot-Bohnen auf wenige 100 Hektar – die Konkurrenz aus dem Ausland ist einfach zu groß. Anbau und Ernte sind reine Handarbeit. Die Bohnen werden vor allem an die meines Erachtens zu unrecht verkannte Spitze der flämischen Gastronomie geliefert. Durch ihre weiche, kaum mehlige Konsistenz und ihre zarte Haut kann man sich bei diesen Bohnen das langwierige Einweichen ersparen. Diese Bohne ist vielseitig verwendbar: in Salaten, Suppen und Eintöpfen.

Die Bohnen in einen Topf mit kaltem, nicht gesalzenem Wasser geben. Zum Kochen bringen und 10 Min. sieden lassen. Abgießen und gut abspülen. Nochmals in den Topf geben, mit 2 l ungesalzenem Wasser auffüllen und das Bouquet garni zufügen. Zum Kochen bringen und etwa 45 Min. leicht köcheln lassen. Erst 5 Min. vor dem Ende der Garzeit salzen.

Öl und Essig verrühren. Die Bohnen abgießen, gut abtropfen lassen und in einer Schüssel mit der Vinaigrette übergießen. Den Apfel schälen, vom Kerngehäuse befreien und fein würfeln. Die Schalotte schälen und klein hacken. Petersilie oder Kerbel fein hacken und gemeinsam mit den Apfel- und Schalottenstücken unter die Bohnen mischen. Den Calvados zugeben. Mit Salz und Pfeffer würzen. Gekühlt, aber nicht zu kalt servieren.

PUY
NICE

Alain hat mir gezeigt, wie die grauen Garnelen, auch »Heuschrecken aus der Somme-Mündung« genannt, gefischt werden, die wir dann vor seiner Strandhütte probiert haben… Ich denke gern daran zurück!

KARTOFFEL-SPECK-TARTE
VON CHRISTINE

Für 8 Personen
Zubereitungszeit: 30 Min.
Backzeit: 1 Std. 30 Min.

2 Rollen Blätterteig (aus dem Kühlregal)
800 g festkochende Kartoffeln
3 Schalotten
75 g Räucherspeck, in feinen Scheiben
75 g geräucherter Schweinebauch, fein gewürfelt
150 g Hartkäse, z. B. Gruyère oder Comté, gerieben
250 g Crème fraîche
Salz
Pfeffer aus der Mühle
1 Eigelb

Christine hat mich bei ihrem Gastmahl mit dieser Spezialität aus der Picardie überrascht. Ich war bei der Zubereitung nicht zugegen, doch nachdem sie mein begeistertes »Hmm!« beim Probieren hörte, hat sie mir nur allzu gern das Rezept verraten. Im Prinzip ist der Bisteu eine Kartoffel-Speck-Tarte im Blätterteigmantel. Die knusprige Hülle und die weiche, pikante Füllung machen dieses ländliche Gericht wahrlich unwiderstehlich. Es ist zu einem meiner Klassiker avanciert.

Den Backofen auf 170 °C (Gas Stufe 6) vorheizen. Eine Tarteform mit einem Kreis aus Blätterteig auslegen und kühl stellen. Kartoffeln schälen, waschen und in 4 mm dünne Scheiben schneiden. Schalotten abziehen und fein hacken. Ein Drittel der Kartoffeln gleichmäßig auf den Teig schichten und darauf zuerst ein Drittel Räucherspeck und Schweinebauch, dann ein Drittel Schalotten, ein Drittel Hartkäse und ein Drittel Crème fraîche verteilen. Leicht mit Salz und Pfeffer würzen.

Diesen Vorgang zweimal wiederholen und zum Schluss den zweiten Teigkreis auflegen. Die Ränder fest zusammendrücken. Eigelb mit einem Tropfen Wasser verquirlen und die Oberfläche der Tarte damit bestreichen. Eventuell noch einige hübsche Motive einritzen. In die Mitte der Tarte eine kleine Öffnung stechen, damit der Dampf entweichen kann. Im Ofen 1 1/2 Std. backen. Herausnehmen und vor dem Anschneiden mindestens 10 Min. abkühlen lassen. Dazu passt ein grüner Salat.

FLÄMISCHES RINDERGULASCH VON BRUNO

Für 6 Personen
Zubereitungszeit: 20 Min.
Garzeit: 2 Std.

- 1,8 kg Rindfleisch: Bug, Hohe Rippe, Hüfte, Schulterstück oder Querrippe, wenn langfaseriges Fleisch bevorzugt wird
- 3 Zwiebeln
- 1 Zweig Thymian
- 2 Lorbeerblätter
- 8 Scheiben Gewürzkuchen (Fertigprodukt oder s. Rezept auf S. 151)
- 125 g brauner Zucker
- 1 l Amberbier (Belgisches Ale)
- Salz
- Pfeffer aus der Mühle
- 1 EL Speisestärke

Versprechen Sie mir, dass Sie auf Ihrer Reise durch die französischen Regionen Französisch-Flandern nicht vergessen. Diese häufig unterschätzte Region birgt so wunderbare Schätze wie den Garten von Bruno und Manu. Bruno ist zugleich ein ausgezeichneter Koch, der mir dieses typische Gericht flämischer Kneipen nähergebracht hat. Wenn möglich, verwenden Sie als Zucker den vergeoise brune, diesen typischen Zucker aus Zuckerrüben, der zusätzlich karamellisiert ist und sich durch ein feines Rumaroma auszeichnet.

Das Fleisch von etwaigen Sehen und Fett befreien, in etwa 5 cm große Stücke schneiden. Zwiebeln schälen, grob hacken und in einen großen Topf mit schwerem Boden geben. Fleisch zugeben und die Kräuter darauf verteilen. Gewürzkuchen zerbröseln und zufügen. Das Ganze mit Zucker bestreuen und mit Bier übergießen. Mit Salz und Pfeffer würzen und zugedeckt zum Kochen bringen. Die Hitze reduzieren und das Fleisch mindestens 2 Std. garen, dabei den Deckel nach 1 Std. abnehmen. Die Sauce mit Speisestärke binden. Mit einem Messer kontrollieren, ob das Fleisch schön zart ist, es sollte fast zerfallen sein.

Julies Tipps –
Bruno verwendet bernsteinfarbenes belgisches Bier, Sie können auch ein anderes würziges Bier, z.B. Kellerbier nehmen. Schneiden Sie das Fleisch möglichst quer zur Faser, damit es beim Garen schön zart wird.
Sie können Fleisch und Zwiebeln auch vor dem Schmoren zuerst in Butterschmalz anbraten, dann wird das Gericht noch aromatischer.
Manchmal kommt zu Beginn der Garzeit noch ein 1 EL scharfer Senf in die Sauce. Probieren Sie selbst!

Der Garten von Mont des Recollets, im Herzen Französisch-Flanderns, erinnert an Gemälde flämischer Meister. Manu nennt ihn ihre »Außenzimmer«, eine poetische Beschreibung!

TINTENFISCH MIT WURSTBRÄTFÜLLUNG
VON NICOLE

Für 4 Personen
Zubereitungszeit: 45 Min
Garzeit: 1 Std. 10 Min

4 Tintenfische à 150 g
3 kleine Schalotten
1 mittelgroße Zwiebel
1 Knoblauchzehe
3 Stängel Petersilie
200 g Wurstbrät
50 g Semmelbrösel
Pfeffer aus der Mühle

Für die Sauce
2 kleine Schalotten
1 Knoblauchzehe
1 mittelgroße Zwiebel
3 Stängel Petersilie
40 g Butter
1 Tomate
300 ml trockener Cidre
2 EL Crème double
Salz

Die Tintenfische säubern, je die feine Haut abziehen, Kopf, Tintenbeutel und Fischbein entfernen. Die Tuben gründlich waschen. Den Kranz mit den Fangarmen vom Kopf abschneiden. Fangarme fein hacken. Schalotten, Zwiebel und Knoblauch abziehen und fein hacken. Petersilie ebenfalls fein hacken. Zerkleinerte Fangarme, Zwiebel, Schalotten, Petersilie und Knoblauch in eine Schüssel geben. Wurstbrät sowie Semmelbrösel zufügen und das Ganze gut mischen.

Die Tuben der Tintenfische mit einem flachen Spatel weich klopfen. Dann mit einem Teelöffel jeweils Füllung hineingeben. Die Öffnungen mit Zahnstochern verschließen.

Für die Sauce Schalotten, Knoblauch und Zwiebel schälen und klein hacken. Petersilie ebenfalls klein hacken. Butter in einer Pfanne erhitzen und Schalotten, Knoblauch, Zwiebel und Petersilie darin anschwitzen. Tomate über Kreuz einschneiden, mit kochend heißem Wasser übergießen und enthäuten. Fruchtfleisch würfeln und in die Pfanne geben. Die gefüllten Tuben einlegen, den Cidre angießen und 1 EL Crème double einrühren. Mit Salz und Pfeffer würzen, die Sauce umrühren. Einen Deckel auflegen und die Tintenfische ca. 1 Std. garen. Zum Schluss die restliche Crème double in die Sauce rühren. Das Gericht heiß servieren.

PFANNKUCHENRÖLLCHEN MIT SCHINKEN-PILZ-FÜLLUNG VON JOFFRE

Für 8 bis 10 Personen
Zubereitungszeit : 20 Min
Garzeit : 45 Min
Ruhezeit : 1 Std.

Für die Füllung
180 g Schalotten
60 g Butter
500 g Champignons
100 g Crème double
Salz
Pfeffer aus der Mühle
8 schöne Scheiben gekochter Schinken, Fettrand entfernt
60 g Comté, gerieben

Für die Pfannkuchen
40 g Butter
85 g Mehl
2 Eier
170 ml Milch
13 g Zucker
1 Prise Salz
Butter zum Ausbacken

Für die Füllung Schalotten schälen und fein hacken. In einem kleinen Topf in 20 g Butter 20 Min. zugedeckt dünsten. Champignons putzen und grob hacken. Restliche Butter für die Füllung in einer Pfanne erhitzen. Champignons darin kräftig anbraten, bis die Flüssigkeit komplett verdampft ist. Gedünstete Schalotten und 2 EL Crème double zugeben. Mit Salz und Pfeffer würzen und 2–3 Min. unter Rühren schmoren lassen. Die Pfanne vom Herd nehmen und beiseitestellen.

Für den Teig die Butter zerlassen und abkühlen lassen. Das Mehl in eine Schüssel geben und in die Mitte eine Mulde drücken. Die Eier in einer zweiten Schüssel verquirlen und dann mit dem Mehl verrühren. Milch, Zucker, Salz sowie zerlassene Butter zugeben und das Ganze mit einem Schneebesen zu einem glatten Teig verquirlen. Den Teig 1 Std. ruhen lassen.

Backofen auf 200 °C (Gas Stufe 7) vorheizen. Eine Pfanne mit wenig Butter einpinseln und stark erhitzen. Eine kleine Kelle Teig hineingeben, verteilen und backen, bis die Ränder leicht goldbraun werden. Den Pfannkuchen wenden und die andere Seite in ca. 1 Min. fertig backen. Mit dem restlichen Teig ebenso verfahren, insgesamt 8 dünne Pfannkuchen backen. Jeden Pfannkuchen mit 1 Scheibe Schinken belegen.

Jeweils Pilz-Schalotten-Mischung mit einem Spatel darauf verteilen. Die Ränder der Pfannkuchen leicht nach innen klappen und die Pfannkuchen vorsichtig aufrollen. Die gefüllten Pfannkuchen in eine Auflaufform legen und mit der restlichen Crème double bestreichen. Mit Käse bestreuen und im Backofen etwa 15 Min. überbacken.

Julies Tipps –

Sie können die Schalotten auch im Blender fein hacken. Das spart Zeit. Doch vergessen Sie dabei nicht, sie vorher zu schälen!

Das Pfannkuchenrezept wurde von Joël Rabuchon entwickelt. Joffre behauptet, dass sich damit die allerbesten Pfannkuchen backen lassen – und ich behaupte, dass er Recht hat!

MEINE
BLUMENKOHL-PIZZA

Für 4 bis 6 Personen
Zubereitungszeit : 15 Min
Backzeit : 30 Min

Dies ist nicht wirklich ein Rezept aus der Region, sondern eher die Adaption eines regionalen Gerichtes. Die Idee stammt aus den USA, wo sich seit einigen Jahren ein Trend zu glutenfreien Speisen abzeichnet. Bei diesem genialen Rezept kann das Mehl durch zerbröselten Blumenkohl ersetzt werden. Der Teig geht zwar nicht auf, er ist auch nicht so elastisch, doch dafür ist er in der Mitte weich und am Rand kross. Den Blumenkohl schmeckt man kaum. Sie sollten die Pizza unbedingt probieren, Glutenunverträglichkeit hin oder her…

Für den Teig
500 g Blumenkohl
1 Ei
50 g Gruyère, gerieben
Pfeffer aus der Mühle

Für den Belag
5 Sardellenfilets, in Öl eingelegt
150 g Mozzarella
100 g eingekochte Tomatensauce, ersatzweise stückige Tomaten aus der Dose
50 g roher Schinken, in feinen Scheiben
einige Basilikumblätter
einige Prisen getrockneter Oregano
1 Schuss Olivenöl
1 Prise Piment d'Espelette (franz. Chiligewürz)

Backofen auf 200 °C (Gas Stufe 7) vorheizen. Für den Teig den Blumenkohl in Röschen teilen, waschen und trocken tupfen. Die Röschen zerkleinern und dann sehr fein zerbröseln. Blumenkohlröschen in einem Küchentuch ausdrücken, damit sie möglichst trocken sind. Ei und Gruyère untermischen. Den Teig leicht mit Pfeffer würzen. Auf einem Bogen Backpapier zu einem 30 cm großen Kreis ausrollen. Mitsamt Backpapier auf ein Blech legen und 15 Min. backen. Für den Belag die Sardellen der Länge nach halbieren und den Mozzarella in dünne Scheiben schneiden. Den Teig aus dem Backofen nehmen und mit Tomatensauce bestreichen. Die Mozzarellascheiben darauf verteilen und sternförmig mit Sardellen belegen. Den Schinken in Streifen schneiden und ebenfalls auf der Pizza verteilen. Basilikum zerzupfen und gemeinsam mit dem Oregano über die Pizza streuen. Zum Schluss die Pizza mit Olivenöl beträufeln und mit Pfeffer würzen. Im Backofen weitere 15 Min. backen. Herausnehmen und mit Piment d'Espelette bestäuben.

Julies Tipp –

Den Blumenkohl unbedingt gut ausdrücken, damit der Teig nicht zu krümelig wird.

Julies Tipps –

Marie-Thérèse legt die Pfefferkörner in ein Tee-Ei, damit sie nicht in der Brühe verloren gehen. Die Qualität dieses sehr einfachen Gerichts wird vor allem durch die Qualität seiner Zutaten bestimmt: Seien Sie dabei anspruchsvoll! Die Crème double von Marie-Thérèse ist so dick, dass kein Eigelb zugefügt werden muss, es verbessert aber garantiert Konsistenz und Geschmack. Ich rühre gern noch 1/2 TL scharfen Senf zusammen mit den Eigelben in die Sauce.

POCHIERTES HUHN VON MARIE-THÉRÈSE

Dank Heinrich IV. ist das pochierte Huhn keine Spezialität aus dem Béarn geblieben, sondern wird in allen Ecken unseres schönen Landes serviert. Doch diese Variante mit köstlicher Crème double kann nur aus der Normandie stammen!

Für 4 bis 6 Personen
Zubereitungszeit : 30 Min.
Garzeit : 2 Std. 20 Min.

1 küchenfertiges Bio-Huhn à 2 kg
4 Karotten
1/2 Knollensellerie
3 Stangen Lauch
1 Zwiebel
2 Gewürznelken
20 schwarze Pfefferkörner
Salz
4 mittelgroße festkochende Kartoffeln
2 mittelgroße Haferwurzeln, ersatzweise Schwarzwurzeln
500 g Champignons
30 g Butter
Pfeffer aus der Mühle
300 g Crème double
2 Eigelb
5 Stängel Petersilie

Das Huhn innen und außen waschen. Karotten schälen, halbieren und waschen. Sellerie schälen. Lauch putzen, das Grün entfernen, die Stangen längs halbieren und waschen. Mit Küchengarn zu zwei Päckchen binden. Zwiebel abziehen und mit den Gewürznelken spicken. Huhn in einen großen Topf legen. Zwiebel, Karotten, Lauch, Sellerie und Pfefferkörner hinzufügen. Alles mit kaltem Wasser bedecken. Mit Salz würzen und zum Kochen bringen. Dann knapp unter dem Siedepunkt 1 Std. 20 Min. simmern lassen.

Kartoffeln sowie Haferwurzeln schälen, abspülen, in die Brühe geben und 40 Min. mitköcheln lassen. Champignons sauber bürsten, Stiele grob würfeln, Hüte ganz belassen. Butter in einer Pfanne erhitzen und die Champignons darin kräftig anbraten, bis die Flüssigkeit verdampft ist. Mit Salz und Pfeffer würzen.

Huhn aus dem Topf nehmen, abtropfen lassen. 150 ml Brühe abschöpfen und in einem Topf mit Crème double, 1/2 TL Salz und Pfeffer vermengen. Erhitzen und um ein Drittel reduzieren. Dabei öfter umrühren. Etwas von der Creme zu den Champignons geben und diese erwärmen. Die Sauce vom Herd nehmen und die Eigelbe mit einem Schneebesen unterquirlen. Den Topf zurück auf den Herd stellen und die Sauce sanft erhitzen, aber nicht kochen lassen.

Das Huhn tranchieren, zusammen mit dem Gemüse anrichten. Petersilie fein hacken und darüber streuen. Champignons und Sauce dazu reichen.

JAKAOBSMUSCHELN MIT SPECK UND CHICORÉE
VON NATHALIE

Für 4 Personen
Zubereitungszeit : 15 Min
Garzeit : 30 Min

4 Chicorée
Saft von 1/2 Zitrone
50 g Butter
Salz
Pfeffer aus der Mühle
1 gehäufter TL Zucker
100 g Räucherspeck
150 ml Sahne
12 ausgelöste Jakobsmuscheln

Chicorée waschen und jeweils den harten Strunk mit einem scharfen Messer herausschneiden. Die Blätter in etwa 1,5 cm breite Streifen schneiden und mit etwas Zitronensaft beträufeln. Hälfte der Butter in einem Topf erhitzen und den Chicorée darin andünsten. Mit Salz und Pfeffer würzen und umrühren. Einen Deckel auflegen und die Chicoréeblätter 20 Min. schmoren, bis sie leicht karamellisieren. Nach der Hälfte der Garzeit mit dem Zucker bestreuen.

Räucherspeck in Streifen schneiden und in einer Pfanne ausbraten. Zum Chicoreé geben. Die Sahne unterrühren und das Gemüse noch einige Min. köcheln lassen.

Jakobsmuscheln abspülen und trocken tupfen. Leicht mit Salz würzen. Restliche Butter in einer Pfanne erhitzen und die Jakobsmuscheln darin von jeder Seite 1–2 Min. anbraten. Jeweils 1–2 Kellen Chicoréegemüse in einen tiefen vorgewärmten Teller geben. Je 4 Jakobsmuscheln darauf setzen. Sofort servieren.

WELSH
VON MARIE-CLAUDE

Für 4 Personen
Zubereitungszeit : 5 Min
Garzeit : 15 Min

Die Bürger von Boulogne und England verbindet eine viele Jahrhunderte zurückreichende, wechselvolle Geschichte von Liebe und Eroberung. Das zeigt sich auch in der regionalen Küche. Diese Variante des klassischen Welsh Rarebit kommt bei den meisten Familien mindestens einmal in der Woche auf den Tisch!

4 große Scheiben Kastenweißbrot oder Landbrot
250 ml Amberbier (Belgisches Ale, ersatzweise Kellerbier)
200 g kräftiger Cheddar
Pfeffer aus der Mühle

Den Grill des Backofens vorheizen. Die Brotscheiben leicht rösten. Das Bier in einem Topf erhitzen und auf die Hälfte einkochen lassen. Den Cheddar raspeln oder fein hacken und zum Bier geben. Den Käse bei geringer Hitze unter Rühren schmelzen lassen.
Die Brotscheiben auf ein Backblech legen und mit der Käse-Bier-Mischung bestreichen. Dann für 3–5 Min. unter den Grill setzen. Mit Pfeffer übermahlen. Zusammen mit Worcestershiresauce und selbst gemachten Pommes frites servieren.

Julies Tipps –

Geben Sie zusätzlich 1 Prise Kümmel oder 4 Salbeiblätter in das Bier. Um sicherzugehen, dass das Bier ausreichend eingekocht ist, die Menge abmessen, es sollten 125 ml sein.

CHRISTMAS PUDDING
VON MARTINE

Für den Pudding
750 g helle und dunkle Rosinen
250 ml Rum
250 g altbackenes, dunkles Landbrot
50 g Butter
250 g brauner Zucker
250 g Kalbsnierenfett, fein gewürfelt
7 Eier
250 g Mehl +
1 Handvoll Mehl
100 ml Milch
300 g kandierte Früchte, fein gewürfelt
500 ml goldbrauner Rum
1/2 TL geriebene Muskatnuss
1 gehäufter EL Zimtpulver
1 EL Piment
1 kräftige Prise Salz
abgeriebene Schale von 1 unbehandelten Zitrone
Butter für die Schüssel

Für die Rum-Karamell-Sauce
80 g Butter
40 g Mehl
200 g brauner Zucker
100 ml bernsteinfarbener Rum
500 ml Sahne

Zum Flambieren
100 ml bernsteinfarbener Rum
6 Würfel brauner Zucker

Für 20 Personen
Zubereitungszeit : 45 Min
Garzeit : 5 Std. 20 Min
Ruhezeit : 2 Tage

Am Vortag die Rosinen in eine Schüssel geben und mit dem Rum übergießen.

Brot entrinden, mit den Fingern zerpflücken und in eine große Schüssel geben. Butter über einem Wasserbad zerlassen und über das Brot gießen. Zucker, Kalbsnierenfett, eingeweichte Rosinen mitsamt Rum, Eier, Mehl, Milch, kandierte Früchte, Rum, Muskat, Zimt, Piment, Salz und Zitronenschale zugeben. Alle Zutaten vorsichtig mischen.

Den Teig in eine gefettete Glasschüssel legen, mit etwas Mehl bestäuben und mit zwei Lagen Aluminiumfolie abdecken. Folie mit Küchengarn fest verschließen. Die Schüssel in einen großen Topf stellen. So viel Wasser angießen, bis die Schüssel zu drei Viertel darin steht. Erhitzen und den Pudding 5 Std. im köchelnden Wasserbad garen. Alle 30 Min. etwas Wasser nachgießen.

Schüssel herausnehmen, Pudding abkühlen lassen. Gesamte Schüssel in Alufolie einschlagen und in den Kühlschrank setzen. Pudding 2 Tage ruhen lassen. Vor dem Servieren im Wasserbad erwärmen.

Für die Sauce Butter in einem Topf zerlassen, Mehl mit einem Schneebesen einrühren und kurz anschwitzen. Zucker, Rum, 100 ml Wasser und Sahne unterrühren. Bei mittlerer Hitze unter ständigem Rühren zu einer sirupartigen Sauce einkochen lassen.

Zum Flambieren Rum in einem kleinen Topf erhitzen. Pudding vorsichtig aus der Schüssel stürzen und auf dem oberen Rand eine kleine Vertiefung einritzen. Die Zuckerstücke auf dem oberen Rand des Kuchens verteilen. Rum mit einem Streichholz anzünden und über den Zucker gießen. Das kleine Tischfeuerwerk genießen, den Christmas Pudding in Stücke schneiden und mit der Sauce beträufeln.

Julies Tipps –

Machen Sie sich keine Sorgen. Der Geschmack des Kalbsnierenfetts wird nicht das Dessert dominieren. Wenn Sie möchten, können Sie es durch Butter ersetzen.

ERDBEERTARTE MIT MANDELCREME UND MOHNGELEE

Für den Mürbeteig die Butter cremig rühren. Restliche Teigzutaten zufügen und das Ganze rasch zu einem glatten Teig verarbeiten. Zwischen zwei Lagen Backpapier zu einem 10 x 35 cm großen Rechteck ausrollen. Im Kühlschrank abgedeckt für 30 Min. kühl stellen. Ein tiefes Backblech (etwas größer als 10 x 35 cm) einfetten, die Teigplatte darauflegen und rundum einen Rand hochziehen. Nochmals 1 Std. in den Kühlschrank oder 10 Min. ins Tiefkühlfach stellen. Inzwischen für den Belag 600 g Erdbeeren waschen, putzen und halbieren. Kühl stellen.

Den Backofen auf 165 °C Umluft (Gas Stufe 6) vorheizen. Für die Mandelcreme alle Zutaten in der Küchenmaschine oder mit einem Handmixer cremig rühren und bei Raumtemperatur bis zur Weiterverarbeitung stehen lassen, außer wenn es sehr warm ist. Den Teig mit einer Gabel mehrfach einstechen und im vorgeheizten Backofen etwa 25 Min. backen. Inzwischen die restlichen Erdbeeren waschen, entstielen und pürieren.

Für die Glasur Erdbeerpüree, Mohnlikör, Zucker, Honig in einem Topf mischen und 5 Min. köcheln lassen. Beiseitestellen. Die Mandelcreme auf dem Mürbeteigboden verstreichen und die Tarte nochmals 15 Min. backen. Kurz abkühlen lassen. Mit den halbierten Erdbeeren belegen und diese mit Glasur bestreichen. Die Tarte mit Minzeblättern dekorieren. Vor dem Servieren einige Std. kühl stellen und dann genießen!

Für 8 Personen
Zubereitungszeit : 20 Min
Garzeit : 45 Min
Ruhezeit : 1 Std. 30 Min

Für den Mürbeteig
150 g weiche Butter +
Butter für das Blech
90 g Puderzucker
30 g gemahlene Mandeln
250 g Mehl
1 Prise Salz
1 Ei

Für die Mandelcreme
120 g weiche Butter
120 g Puderzucker
120 g gemahlene Mandeln
2 kleine Eier
2 EL Erdbeerlikör
2 gehäufte EL Crème fraîche
ausgekratztes Mark von
2 Vanilleschoten

Für die Glasur
800 g Erdbeeren
5 EL Mohnlikör
1 EL Zucker
1 EL Honig
einige frische Minzeblätter

Julies Tipps –
Die Glasur vor dem Verstreichen leicht erwärmen, dann lässt sie sich besser verteilen. Den Erdbeerlikör in der Mandelcreme können Sie auch durch einen anderen roten Fruchtlikör ersetzen. Für die Dekoration eignen sich auch essbare Blüten oder kandierte Veilchen.

Julies Tipp –

Verwenden Sie möglichst hochwertige Zutaten, also ganz frische Eier, frische Butter und frische Hefe!

NORMANNISCHE BRIOCHE
VON PHILIPPE

Philip ist Bäcker und wurde für seinen fallue, den Brioche-Laib aus der Normandie, bereits mehrfach mit einer Goldmedaille der Bäckerinnung ausgezeichnet. Dieses Rezept ist also äußerst erprobt.

Für 1 Brioche-Laib
Zubereitungszeit: 30 Min
Backzeit: 25 Min
Ruhezeit: 3 Std. 20 Min

500 g Mehl Type 550
100 g weiche Butter
100 g Crème double
5 Eier (400 g ohne Schale)
50 g Zucker
10 g Salz + 1 Prise
18 g frische Hefe
Butter für das Blech

Alle Zutaten für den Teig, außer 1 Ei und Hefe, in die Rührschüssel einer Küchenmaschine geben. Falls der Teig mit den Händen verknetet wird, alles in eine Rührschüssel geben. Mit den Rührhaken 30 Sekunden auf geringer Stufe mischen. Die Hefe zerbröckeln und hineingeben. Nun den Teig noch 10 Min. sanft kneten. Eventuell noch ein wenig Creme double zugeben, falls der Teig zu fest ist oder etwas Mehl, falls er zu klebrig ist. Der Teig sollte schön elastisch sein.

Den Teig nochmals gründlich kneten und auf ein mit Mehl bestäubtes Küchentuch legen. Abdecken, damit er nicht austrocknet. Bei einer konstanten Temperatur von 22 °C 2 Std. gehen lassen.

Den Teig anschließend mit dem Handteller flach drücken und der Länge nach zu einer Wurst einrollen. Die Rolle mit der Naht nach unten auf ein gefettetes Backblech setzen und nochmals 1 Std. 20 Min. an einem warmen Ort (30 °C) gehen lassen.

Den Backofen auf 190 °C Ober-/Unterhitze (Gas Stufe 6–7) vorheizen. Restliches Ei verquirlen und mit 1 Prise Salz würzen. Die Teigrolle damit bestreichen. Nun mit der Spitze einer Schere ein dekoratives Muster tief in die Oberseite schneiden. Auf der unteren Einschubleiste etwa 25 Min. backen.

Den Brioche-Laib warm servieren. In ein Küchentuch gewickelt hält er sich gut 2 Tage. Die abgekühlte Brioche schmeckt köstlich, wenn sie kurz getoastet wird.

MILCHREIS VON ARTHUR

Für 6 Personen
Zubereitungszeit : 5 Min
Garzeit : 1 Std. 30 Min

125 g Rundkornreis (Milchreis)
1,15 l Rohmilch
120 g Zucker
ausgekratztes Mark von 1 Vanilleschote
11/2 EL Sahne

Den Reis in einem Sieb mit kaltem Wasser waschen. Abtropfen lassen.

Milch, Zucker und Vanillemark in einem Topf verrühren. Erhitzen und einmal aufkochen lassen. Den Reis hineingeben und kurz umrühren.

Hitze stark reduzieren und den Reis zugedeckt 1 Std. 15 Min. köcheln lassen, dabei immer wieder mit einem Schneebesen umrühren. Zum Schluss die Sahne untermengen. Abkühlen lassen und nach Belieben mit vollreifen Kirschen oder Zimtzucker servieren.

Julies Tipp –

Sollte der Reis nach dem Kochen ein wenig trocken und klebrig sein, noch etwas kalte Milch unterrühren.

REIMS
MOSELLE
ALSACE BOSSUE
STRASBOURG
JURA
HAUTE SAVOIE
MASSIF DES BAUGES
VAL-THORENS

125

OSTEN

LANDBROT MIT MORCHELCREME
VON LAURENCE

Für 6 Personen
Zubereitungszeit : 10 Min.
Garzeit : 1 Std. 10 Min.
Ruhezeit : 2 Std.

Eine einfache und raffinierte Vorspeise. Oft verwende ich dieses Rezept für eine Sauce, die ich zu einer Scheibe Kalbs- oder Schweinebraten reiche. Mit Spargel oder Kartoffeln wird die Sauce zu einem vollständigen vegetarischem Gericht!

100 g getrocknete Morcheln
1 Schalotte
25 g Butter
50 ml trockener Weißwein aus dem Jura (Laurence verwendet Savagnin)
1 Knoblauchzehe, geschält
500 ml Crème double
Salz
Pfeffer aus der Mühle
6 dicke Scheiben Landbrot

Die Morcheln in einen tiefen Teller legen, mit lauwarmem Wasser übergießen und mindestens 2 Std. quellen lassen.
Die Schalotte schälen und fein hacken. Butter in einer Pfanne erhitzen und die Schalotte darin anschwitzen. Morcheln in einem Sieb abtropfen lassen, dabei das Einweichwasser auffangen. Morcheln in die Pfanne geben und anbraten. Das Einweichwasser durch eine Kaffeefiltertüte abseihen.
Morcheln mit Weißwein ablöschen, den Alkohol verdampfen lassen und anschließend die Knoblauchzehe und die Hälfte der Crème double zufügen. Mit Salz und Pfeffer würzen. Umrühren und das Ganze bei sehr geringer Hitze zugedeckt 1 Std. leicht köcheln lassen. Sobald die Sauce gut eingekocht ist, die restliche Crème einrühren.
Das Brot rösten, die Scheiben halbieren. Die Morchelcreme in tiefen Tellern anrichten und zusammen mit dem Brot servieren.

KOUGELHOPF

ELSÄSSER BAECKEOFFE VON NICOLE

An diesem Gericht elsässischer Küche führt kein Weg vorbei. Beachten Sie die Hinweise von Nicole. Sie beherrscht das Rezept wie keine Zweite.

Für 10 Personen
Zubereitungszeit : 40 Min
Garzeit : 3 Std.
Ruhezeit : 12–24 Std.

250 g Kalbsschulter, ohne Knochen
500 g Lammschulter, ohne Knochen
2 Zweige Rosmarin
8 Salbeiblätter
4 Zweige Thymian
5 Lorbeerblätter
1,5 l trockener Weißwein, vorzugsweise Riesling
1 kg Schweinenacken, in 4–5 cm langen Stücken
1 kg Rindfleisch aus der Hohen Rippe
4 Karotten
1,5 kg festkochende Kartoffeln
500 g Zwiebeln
120 g Räucherspeck
2 Stangen Lauch, nur das Weiße
1 kleines Grünkohlherz
Salz
Pfeffer aus der Mühle

Am Vortag Kalb- und Lammfleisch in ein großes Gefäß legen, 1/2 Rosmarinzweig, 2 Salbeiblätter, 1 Thymianzweig und 1 Lorbeerblatt hinzugeben. Mit Weißwein auffüllen, bis das Fleisch vollständig bedeckt ist. Mit dem Schweine- und Rindfleisch ebenso verfahren. Alle drei Gefäße mit Frischhaltefolie abdecken und das Fleisch für 12–24 Std. im Kühlschrank marinieren lassen.
Am nächsten Tag den Backofen auf 200 °C Umluft (Gas Stufe 7) vorheizen. Karotten und Kartoffeln schälen und in 5 mm dünne Scheiben schneiden. Zwiebeln schälen und fein hacken. Speck fein würfeln. Lauch in feine Ringe schneiden und in einem Sieb waschen. Mit dem Grünkohl ebenso verfahren.
Den Boden einer großen Terrine mit den Zwiebeln auslegen. Darüber Speck, Karotten und dann Grünkohl, Lauch und die Hälfte der Kartoffeln schichten. Darauf dicht nebeneinander die gut abgetropften Fleischstücke schichten, ohne diese zu mischen. So können Sie später Ihren Gästen jeweils ein Stück von jedem Fleisch servieren. Mit den restlichen Kräutern belegen. Mit 300 ml Wein und 100 ml Wasser übergießen. Kräftig mit Salz und Pfeffer kräftig würzen. Das Fleisch mit Aluminiumfolie abdecken und den Deckel der Terrine auflegen. Mit Aluminiumfolie verschließen, damit kein Dampf entweichen kann. 2 Std. im Ofen garen. Dann die Temperatur auf 170 °C (Gas Stufe 6) reduzieren und erneut 1 Std. garen.

Julies Tipps –

Die Aluminiumfolie leicht mit Öl bestreichen, damit die Kartoffeln nicht daran festbacken. Damit sie schneller garen, schneide ich sie, genau wie die Karotten, mit dem Küchenhobel in feine Scheiben. Das Gericht kann gut im Voraus zubereitet werden und wird dann vor dem Servieren noch 30 Min. aufgewärmt.

Was ist schöner als ein Bummel über den Straßburger Weihnachtsmarkt?

RUE
DE LA MAIRIE

Lohkäs

FLAMMKUCHEN NACH MÜLLER ART

VON ROGER, MÜLLER DER WILLER-MÜHLE, UND SEINER FRAU ARIANE

Für 4 Personen
Zubereitungszeit : 20 Min
Backzeit : 6 Min
Ruhezeit : 5 Std.

Für den Teig
250 g Mehl (Type 550) + Mehl zum Bearbeiten
1 TL Salz
1 Päckchen Trockenhefe
200 ml lauwarmes Wasser

Für den Belag
300 g Räucherspeck
1 große weiße Zwiebel
560 g Crème double
Salz und Pfeffer aus der Mühle

Um zu testen, ob der Backofen die richtige Temperatur für den Flammkuchen hat, backen die elsässischen Bäcker zuerst eine kleinen Teigfladen. Roger hat mir erklärt, dass der Ofen richtig heiß sein muss, denn die Tarte soll wirklich flambiert werden. Also dann, an die Arbeit!

Für den Teig in einer Schüssel Mehl, Salz und Hefe vermengen. Dann das lauwarme Wasser untermischen, bis ein zäher Teig entsteht. An einem warmen Ort 4 Std. gehen lassen. Den Teig in 4 Kugeln teilen. Diese auf eine mit Mehl bestäubte Arbeitsfläche legen und mit einem Küchentuch abdecken. Bei Zimmertemperatur nochmals 1 Std. gehen lassen.

Den Backofen auf die höchste Temperatur vorheizen – 300 °C (Gas Stufe 10) wäre ideal. Falls Sie einen heißen Stein besitzen, diesen ebenfalls zum Erwärmen in den Backofen legen. Ansonsten ein Backblech zum Erwärmen in den Backofen schieben.

Für den Belag den Speck in feine Streifen schneiden. Zwiebel schälen und in sehr feine Ringe hobeln.

Jede Teigkugel auf einer mit Mehl bestäuben Arbeitsfläche zu einem 27 cm großen Kreis ausrollen. Falls Sie mit einem heißen Stein arbeiten, diesen aus dem Backofen nehmen und die Teigplatte daraufgleiten lassen. Achtung, der Stein ist heiß! Die Crème double mit Salz und Pfeffer würzen und je 140 g Crème auf den Teigfladen verstreichen, dabei einen 1 cm breiten Rand aussparen. Zwiebelringe und Speck darauf verteilen und zum Schluss noch jeweils einen Klecks Crème double darüber verstreichen. Mit Pfeffer würzen und in den Backofen schieben. Im Steinofen reichen schon 1–1 1/2 Min., im normalen Backofen, entweder auf dem heißen Stein oder auf dem vorgeheizten Backblech 5–6 Min. backen. Kontrollieren Sie in jedem Fall, ob der Teig schön goldbraun und knusprig ist.

Julies Tipps –

Sie können zusätzlich noch einige Streifen Münsterkäse oder Gruyère auf dem Belag verteilen.

Die Crème double lässt sich auch durch Sauerrahm oder Crème fraîche ersetzen. Ich persönlich finde den Geschmack dann aber etwas zu säuerlich.

GEBACKENER BERGKÄSE VON YVES

Zubereitungszeit : 5 Min
Garzeit : 35 Min

1 Vacherin Mont-d'Or in der Schachtel oder 500 g vergleichbarer Weichkäse aus Kuhmilch
1/2 Schalotte, fein gehackt
100 ml trockener Weißwein, z. B. Mont-Arbois

Für mich das perfekte Abendessen an einem Sonntag. Schlicht und ohne Firlefanz. Yves backt den Vacherin Mont-d'Or, diesen Bergkäse aus dem französischen Jura mit geschützter Herkunftsbezeichnung, in Asche, um ihm eine leicht rauchige Note zu geben. Doch auch die Zubereitung im normalen Backofen zu Hause wird Sie nicht enttäuschen. Ein Tipp: Für dieses Rezept müssen Sie nicht unbedingt den allerbesten Vacherin Mont d'Or verwenden!

Den Vacherin leicht mit einem Löffel eindrücken, um die Rinde des Käses leicht anzuheben. In die kleine Mulde die fein gehackte Schalotte und den Wein geben, den Käse dann zurück in die Schachtel geben, den Deckel auflegen und die Schachtel mit Aluminiumfolie einwickeln. Nun in heiße Asche im Kamin oder im Holzofen legen oder im klassischen Backofen bei 180 °C (Gas Stufe 6) etwa 35 Min. backen. Die Schachtel wird sehr heiß werden. Bleiben Sie ganz ruhig! Das ist normal. Noch heiß mit einem Löffel servieren.

KÄSE-FONDUE
VON SYLVIE

Aus Sicht der Hauptstädter ist ein Fondue ein Fondue. Doch bei meiner Reise durch die Täler der französischen Alpen habe ich erfahren, dass es unzählige Fondue-Varianten gibt, die meist von der Menge und der Art des Käses abhängen. Auch die Verwendung von Knoblauch, getrockneten Steinpilzen oder die Frage von Cidre oder Wein sind entscheidend. Probieren Sie doch einfach verschiedene Varianten aus.

Für 6 Personen
Zubereitungszeit : 5 Min
Garzeit : 20 Min

2 Baguettes mit dicker Kruste
300 g Comté
300 g Emmentaler
300 g Beaufort
300 g Tome des Bauges (Schnittkäse aus Kuhmilch)
300 ml Weißwein aus Savoyen, z. B. Vin de Savoie Apremont
1/2 Knoblauchzehe
frisch geriebene Muskatnuss
frisch gemahlener weißer Pfeffer
50 ml Kirschwasser oder anderer Obstbrand (Birne, Pflaume etc.)

Die Baguettes in 2 cm breite Scheiben schneiden, dann jede Scheibe halbieren. Bis zur weiteren Verwendung beiseitestellen.

Von den Käsesorten die Rinde entfernen. Käse grob würfeln und in einen Fonduetopf geben. Mit etwas Weißwein übergießen. Die Knoblauchzehe schälen, durchpressen und ebenfalls zugeben. Mit Muskatnuss und Pfeffer würzen und unter Rühren bei geringer Hitze erwärmen. Achtung, der Käse schmilzt nur langsam. Deshalb nicht sofort zu viel Wein zugießen, sonst wird das Fondue zu flüssig. Den Wein besser nach und nach zugeben. Sobald der Käse gut geschmolzen ist, Kirschwasser oder anderen Obstbrand unterrühren und den Fonduetopf auf einen Rechaud stellen. Baguettestücke auf Fonduegabeln spießen und in den Käse tauchen.

Julies Tipps –
Sollte das Fondue zu flüssig sein, einfach 1 EL Speisestärke unter das Kirschwasser rühren, bevor es ins Fondue kommt. Rechnen Sie etwa 200 g Käse pro Person. Falls Sie Käsesorten wie Tome des Bauges nicht bekommen können, verwenden Sie ersatzweise Tomme de Savoie. Verraten Sie dies aber nicht den Bewohnern der Bauges! Das traditionelle Savoyer Fondue enthält keinen Tomme. Sie können auch getrocknete Steinpilze hinzufügen und dann einen Teil des Weins durch das Einweichwasser ersetzen.

Julies Tipps –

Isabelle verwendet ein Huhn Malvoisine, eine alte Rasse der Region, doch ein gutes Bio-Landhuhn ist ebenfalls perfekt! Die Karkasse können Sie für eine wohlschmeckende Brühe verwenden. Isabelle empfiehlt einen im Eichenfass gereiften Champagner, der dem Huhn ein besonderes Aroma verleiht.

HUHN IN CHAMPAGNER
VON ISABELLE

Ein traumhaftes Gericht! Mit Cidre schmeckt es auch, falls die lieben Kleinen mitessen.

Für 4–6 Personen
Zubereitungszeit: 20 Min
Garzeit: 1 Std. 40 Min

3 Schalotten
200 g Champignons
30 g Butter
1 Bio-Huhn à 1,5 kg, in 6 Teile zerlegt: Flügel, Schenkel, Keulen und Brust
1/2 Flasche Champagner
100 ml Sahne
1 EL Crème double

Für die Geflügelbrühe
1 Zwiebel
4 Gewürznelken
3 Knoblauchzehen
2 Karotten
1 kleines Bio-Suppenhuhn
1 Stange Lauch, nur das Weiße
Salz

Für die Mehlschwitze
40 g Butter
2 gestrichene EL Mehl

Für die Brühe die Zwiebel schälen und mit den Gewürznelken spicken. Knoblauchzehen und Karotten schälen und zusammen mit dem Suppenhuhn und den weißen Lauchstücken in einen hohen Topf geben. Mit Wasser auffüllen, bis alle Zutaten gut bedeckt sind. Mit Salz würzen und mindestens 1 Std. köcheln lassen.

Die Schalotten schälen und fein hacken. Die Champignons waschen und die Stiele abschneiden. Die Butter in einer Pfanne mit hohem Rand erhitzen und die Hühnchenteile, außer der Brust, hineinlegen. Schalotten und Champignonköpfe zufügen und das Ganze bei mittlerer Hitze 20 Min. bräunen. Den Inhalt aus der Pfanne heben und warm stellen. Den Champagner in die Pfanne gießen, den Bratensatz mit einem Kochlöffel lösen und die Flüssigkeit um ein Drittel einkochen lassen.

Für die Mehlschwitze die Butter in einem Topf zerlassen und das Mehl mit einem Schneebesen einrühren. Anschwitzen lassen. Dann 800 ml Geflügelbrühe zugeben und das Ganze zu einer samtigen Sauce einkochen. Diese Sauce velouté benötigt deutlich mehr Flüssigkeit als eine Béchamelsauce. Die Sauce unter den reduzierten Champagner rühren. Sahne und Crème double zugeben und unter Rühren noch 5 Min. köcheln lassen.

Die Hühnchenteile zum Aufwärmen in die Sauce legen. Die Hühnerbrust zum Pochieren hinzufügen und bei geringer Hitze noch gute 10 Min. sanft köcheln lassen. Dazu Reis servieren.

SAVOYER KARTOFFEL-KÄSE-GRATIN
VON MAGALI

Für 6 Personen
Zubereitungszeit : 10 Min
Garzeit : 50 Min

Die typische Tartiflette aus Savoyen ist ein noch recht junges Gericht, und erinnert an die traditionelle Péla, die wesentlich bescheidener daherkam. Magali hat mir sein Tartiflette-Rezept verraten, unter dem wohlwollenden Blick seines Vaters Francis. Wieder eines dieser Gerichte, die beinahe dem Vergessen preisgegeben sind.

1 kg festkochende Kartoffeln, z. B. Belles de Fontenay
Salz
2 weiße Zwiebeln
50 g Butter
200 g Speck, gewürfelt
250 ml Weißwein aus Savoyen, z. B. Vin de Savoie Apremont
2 EL Crème fraîche
1 Laib Reblochon (500 g)
Pfeffer aus der Mühle

Die Kartoffeln schälen und grob würfeln. In einem Topf mit Salzwasser zum Kochen bringen und dann bei mittlerer Hitze garen. Sie sollten weich, aber noch etwas fest sein. Abgießen. Den Backofen auf 200 °C (Gas Stufe 7) vorheizen. Zwiebeln schälen und fein würfeln. Butter in einer großen Pfanne kräftig erhitzen. Zwiebeln darin anbraten, den Speck zufügen und weitere 10 Min. braten. Kartoffelwürfel zugeben und bei starker Hitze 5–10 Min. braten. Den Wein angießen, leicht salzen und pfeffern und dann die Flüssigkeit etwas verdampfen lassen. Die Kartoffel-Zwiebel-Mischung sollte jedoch nicht zu trocken werden.

In eine Auflaufform füllen und die Crème fraîche darüber verteilen. Den Reblochon vierteln. Die Käseviertel mit der Rinde nach oben auf das Gratin setzen. Anschließend im vorgeheizten Backofen etwa 25 Min. garen.

Julies Tipps –
Ein wenig von der Crème fraîche und dem Weißwein zurückbehalten und vor dem Backen über dem Käse verteilen.
Die Rinde niemals entfernen!
Falls der Käse nicht das ganze Gratin bedeckt, eventuell noch einen halben Reblochon in Scheiben schneiden und darauf verteilen.

SAVOYER KUCHEN VON BÉATRICE

Für 8 Personen
Zubereitungszeit : 20 Min
Backzeit : 45 Min

Wieder ein Klassiker, der durch Leichtigkeit und Einfachheit zu überzeugen weiß. Die Ähnlichkeit dieses luftigen Kuchens mit Genueser Biskuit ist unübersehbar. Genießen Sie ihn mit einer guten Tasse Tee oder einer heißen Schokolade.

Butter und Mehl für die Form
10 frische Eier
250 g Zucker +
20 g für die Form
abgeriebene Schale
von 1 Limette
250 g Mehl
Puderzucker zum Bestäuben

Eine Springform mit Rohrboden mit Butter einfetten und mit Mehl ausstäuben. Den Backofen auf 180 °C (Gas Stufe 6) vorheizen. Eier trennen. Die Eigelbe mit 125 g Zucker schaumig schlagen, bis die Masse hell wird. Dann den Limettenabrieb zufügen.
Die Eiweiße steif schlagen, dabei den restlichen Zucker einrieseln lassen. Eigelbe und Eischnee vorsichtig vermengen. Das Mehl darübersieben und behutsam unterheben. Den Teig in die vorbereitete Form füllen, glattstreichen und ca. 45 Min. im vorgeheizten Backofen backen. Anschließend herausnehmen und auf einem Kuchengitter abkühlen lassen. Den Kuchen aus der Form lösen und vor dem Servieren dick mit Puderzucker bestäuben.

Der Lac d'Annecy ist einer der saubersten Seen der Welt. Die Vögel wissen ihn zu schätzen und kommen in Scharen... die Verliebten allerdings auch!

SCHOKO-BRÖTCHEN VON KATHY

Vollkorn und Schokolade ergeben eine raffinierte Mischung. Da Kathy in Val-Thorens keine frische Hefe bekommen kann, mischt sie in einer Schüssel Trockenhefe mit Zucker.

Für 56 Stück
Zubereitungszeit : 40 Min
Garzeit : 35 Min
Ruhezeit : 3 Std. 30 Min

1 Würfel frische Hefe (42 g)
2 EL Zucker
2 Handvoll Frühstücksflocken und Körner, z. B. Haferflocken, Sesamsaat, Leinsamen
2 Handvoll Sonnenblumenkerne
je 300 g Weizen- und Roggenmehl, gemischt
200 g Vollkornweizenmehl
200 g Dinkelmehl
300 g Weizenmehl + Mehl zum Bearbeiten
30 g Salz
300 ml Milch
400 g dunkle Schokolade (mindestens 50 % Kakaoanteil)

In einer Schüssel die Hefe zerbröseln und mit dem Zucker bestreuen. Ruhen lassen, bis sie sich aufgelöst hat.

Die gemischten Flocken und Körner sowie die Sonnenblumenkerne jeweils in eine Schüssel geben und jeweils 200 ml Wasser zugießen.

In einer großen Plastikschüssel (mit Deckel) alle Mehlsorten mischen und in die Mitte eine Mulde drücken. Salz, Milch, 200 ml lauwarmes Wasser und die aufgelöste Hefe in die Mulde geben. Die Schüssel mit einem Deckel fest verschließen und kräftig schütteln. Dann den Teig auf eine mit Mehl bestäubte Arbeitsfläche legen und 5 Min. gut durchkneten. Wieder in die Schüssel legen, mit dem Deckel verschließen und gut 2 Std. bei Zimmertemperatur gehen lassen.

Den Teig in 8 gleich große Kugeln teilen und daraus jeweils kleine Baguettes formen. Diese in 7 Stücke teilen. Die Schokolade in Quadrate teilen und jeweils 1 Quadrat in jede Teigkugel drücken. Die Kugeln nebeneinander auf ein mit Backpapier ausgelegtes Backblech in 7 Reihen mit jeweils 8 Kugeln legen. Beim Backen füllen die Brötchen später das gesamte Backblech aus. Mit einem Küchentuch abdecken und erneut 1 Std. 30 Min. gehen lassen.

Den Backofen auf 230 °C Ober-/Unterhitze (Gas Stufe 8) vorheizen. Ein feuerfestes Schälchen mit Wasser unten in den Backofen stellen. Die Brötchen etwa 35 Min. backen. Lauwarm servieren.

MIEL

GEWÜRZKUCHEN
VON LILIANE

Für 6 Personen
Zubereitungszeit: 10 Min.
Backzeit: 50 Min.

Auch wenn der Gewürzkuchen nicht unbedingt ein typisches Rezept aus dem französischen Jura ist, so wird im Dörfchen Vercel schon seit jeher dieser Gewürzkuchen gebacken. Allerdings erinnern sich nur wenige Bewohner des Jura daran. Wie etwa Liliane, die eine wunderbare Pension unweit von Le Longeville, im Département Doubs, führt und als »Königin der Konfitüren« gilt.

Butter und Mehl für die Form
250 g Mehl
125 g brauner Zucker
1 gestrichener TL gemahlener Anis
1 TL Natron
150 g Tannenhonig
150 ml Milch
1 Ei

Den Backofen auf 160 °C (Gas Stufe 5–6) vorheizen. Eine Kastenform mit Antihaftbeschichtung mit Butter einfetten und mit Mehl ausstäuben. Mehl, Zucker, Anis und Natron mischen. Den Honig über einem Wasserbad erwärmen und mit einem Spatel unter die Mehlmischung rühren. Die Milch leicht erwärmen und zusammen mit dem Ei unter den Teig rühren. Mit einem Schneebesen zu einem glatten Teig verarbeiten.

Den Teig in die Form füllen und glattstreichen. Auf der mittleren Einschubleiste 10 Min. backen, dann die Temperatur des Backofens auf 180 °C (Gas Stufe 6) erhöhen und den Kuchen weitere 40 Min. backen. Noch warm aus der Form lösen und in Scheiben schneiden. Im Jura wird dieser Gewürzkuchen gern zum Tee serviert.

Julies Tipps –

Dank Lilli habe ich gelernt, dass Honig nicht in einem Topf oder in der Mikrowelle erwärmt werden sollte, denn er verliert alle geschmacklichen und diätetischen Eigenschaften, wenn er zu stark erhitzt wird. Machen Sie es wie Lilli und nehmen Sie dafür das Wasserbad.

Lilli nimmt für den Kuchen eine Mischung aus Rohrzucker und Vergeoise brune, dem bekannten karamellisierten Zucker.

Für 20 Personen
Zubereitungszeit : 45 Min.
Backzeit : 14 Min.
Ruhezeit : 6 Std.

SPRITZGEBÄCK VON ROMAINE

Spritzgebäck besteht aus einem Mürbeteig und wird im Elsass, im Moselle und auch in Deutschland typischerweise in der Weihnachtszeit gebacken. Es ist knusprig und zart zugleich. Tauchen Sie die Hälfte eines Gebäckstücks zuerst in Schokolade und dann in Kckosraspel, wenn Sie sich etwas Gutes tun wollen.

500 g Puderzucker
400 g weiche Butter
5 Eier
20 ml Vanilleextrakt
1 kg Mehl
1 1/2 Päckchen Backpulver
200 g gemahlene Haselnüsse
250 g dunkle Kuvertüre

Puderzucker und Butter schaumig rühren. Eier und Vanilleextrakt hinzufügen, dann Mehl und Backpulver unterarbeiten. Zum Schluss die gemahlenen Haselnüsse untermischen und alles mit der Hand zu einem glatten Teig verarbeiten. Den Teig im Kühlschrank 6 Std. ruhen lassen.

Den Teig durch einen Fleischwolf mit einem speziellen Vorsatz für Spritzgebäck drehen. Alternativ portionsweise in einen Spritzbeutel mit Sterntülle füllen und auf 2 mit Backpapier belegte Bleche S-Formen spritzen.

Den Backofen auf 180 °C Umluft (Gas Stufe 6) vorheizen. Das Gebäck etwa 14 Min. backen. Auf den Blechen abkühlen lassen.

Das Spritzgebäck zur Hälfte in geschmolzene Kuvertüre tauchen.

KÄSEKUCHEN
VON ROMAINE

Für 10 Personen
Zubereitungszeit : 20 Min
Backzeit : 1 Std. 15 Min
Ruhezeit : 6 Std.

Für den Mürbeteig
Butter für die Form
1 Ei
110 g Zucker
125 g weiche Butter
1 Prise Salz
250 g Mehl
1/2 Päckchen Backpulver

Für den Belag
3 Eier
120 g Zucker
1 Päckchen Vanillezucker
abgeriebene Schale
von 1/2 Bio-Zitrone
50 g Speisestärke
100 ml Milch
200 ml Sahne
1 kg Sahnequark (40 % Fett)

Den Backofen auf 175 °C Ober-/Unterhitze (Gas Stufe 6) vorheizen. Eine Springform (28 cm Ø) einfetten.
Für den Teig mit einem Schneebesen Ei, Zucker und Butter schaumig schlagen. Dann Salz, Mehl und Backpulver zugeben und mit den Händen zügig zu einem glatten Teig verarbeiten. Zur Kugel formen. Zwischen zwei Lagen Backpapier zu einem Kreis ausrollen, der im Durchmesser etwa 10 cm größer ist als die Springform. In die Form legen und einen Rand hochziehen. Den Boden mehrmals mit einer Gabel einstechen. Kühl stellen.
Für den Belag die Eier trennen. Eigelbe mit Zucker, Vanillezucker und Zitronenabrieb zu einer hellen schaumigen Creme aufschlagen. Die Stärke mit Milch und Sahne glattrühren und dann unter die Eigelbmasse mischen. Den Quark untermengen. Die Eiweiße steif schlagen und den Schnee behutsam unter die Quarkmasse heben. Die Masse auf dem Teig verteilen und auf der unteren Schiene des Backofens 1 Std. 15 Min. backen. Falls die Oberseite zu stark bräunt, den Kuchen mit Aluminiumfolie abdecken. Vor dem Servieren mindestens 6 Std. ruhen lassen.

Julies Tipps –

Soll der Käsekuchen die Konsistenz eines Cheesecakes bekommen, Milch und Speisestärke einfach weglassen. Ich persönlich verwende statt des Vanillezuckers lieber 1 Vanilleschote. Das herausgekratzte Mark mische ich mit 10 g Zucker und verzichte dann auf das Päckchen Vanillezucker. Für den Teig verwende ich kein Backpulver. Backen Sie den Kuchen möglichst nicht mit Umluft, dann wird er zu trocken. Ich schneide die Ränder des Kuchens mit einem Messer gerade und stelle den Kuchen dann kühl. Schieben Sie den Kuchen in den noch kalten Backofen, sonst zieht sich der Teig beim Backen zusammen.

LYON
DROME
VERCORS
LES BAUX DE PROVENCE
MENTO
MARSEILLE
PAYS DES MAURES
PAYS CATHARE
CAP CORSE
CORSE

157

SÜDOSTEN

FRITTIERTE TEIGTASCHEN MIT RICOTTA-FÜLLUNG VON JEAN-MARC

Für 5 Personen
Zubereitungszeit : 20 Min
Garzeit : 3 Min
Ruhezeit : 3 Std.

Die Barbajuans sind eine Spezialität aus Menton und Monaco. Diese kleinen Teigtaschen werden mit Gemüse und Parmesan gefüllt, manchmal kommen auch Reis und sogar klein gehackter Schinken hinein. Jean-Marc, der eine Pension oberhalb von Menton führt, hat es gewagt, eine süße Variante des Rezeptes zu entwickeln, die die Zitronen seiner Heimatstadt Menton würdigt. Einer meiner wirklich großartigen kulinarischen Momente!

Für den Teig
1/2 TL Kurkumapulver
400 ml heißes Wasser
1 kg Mehl
100 ml Orangenblütenwasser
100 ml Öl
1 EL Zucker
1 Prise Salz

Für die Füllung
1 kg Ricotta
abgeriebene Schale von 2 unbehandelten Zitronen, möglichst aus Menton
3 EL Zitronenmarmelade
50 g gemahlene Mandeln
50 g kandierte Zitronenschale
70 g Zucker
Öl zum Frittieren
Puderzucker zum Bestäuben

Etwa 2 Std. vor der Zubereitung des Teigs das Kurkumapulver in ein Glas mit 100 ml heißem Wasser geben und ziehen lassen.

Für den Teig das Mehl in eine Rührschüssel geben und in die Mitte eine kleine Mulde drücken. Kurkumawasser, 300 ml heißes Wasser, Orangenblütenwasser, Öl, Zucker und Salz hineingeben und alles zu einem glatten Teig verkneten. In 10 Kugeln teilen und 1 Std. ruhen lassen.

Für die Füllung in einer Schüssel alle Zutaten mischen. Auf einer mit Mehl bestäubten Arbeitsfläche jede Teigkugel zu einem langen Rechteck ausrollen. Auf jedes Rechteck in Abständen von 8 cm jeweils einen Klecks der Füllung geben. Teigrechtecke über der Füllung zusammenklappen. Überstehenden Teig mit einem Teigrädchen abschneiden und den Teig zwischen den Häufchen mit Füllung gut festdrücken, damit die Luft entweichen kann. Dann die Enden jeweils zu einem »Bonbon« verdrehen. In heißem Öl bei 180 °C etwa 3 Min. frittieren. Mit einem Schaumlöffel herausnehmen. Mit Puderzucker bestäuben und noch heiß genießen.

HERZHAFTE REISFLADEN
VON VALÉRIE

Für 10 Personen
Zubereitungszeit : 30 Min
Garzeit : 1 Std. 50 Min
Ruhezeit : 1 Nacht + 3 Std.

Gewissermaßen eine Art Reiswaffel Bolognese (wenn das die Korsen hören würden!), ist dieses Gericht sowohl schmackhaft und wird von Groß und Klein geliebt.

500 g Rundkornreis
4 Eier
350 g Emmentaler, frisch gerieben
50 g Mehl
500 ml Öl zum Frittieren

Für die Sauce
200 g Champignons
100 ml Olivenöl + 1 Spritzer für die Sauce
2 Lorbeerblätter
400 g Schweinehackfleisch
200 g Kalbshackfleisch
1 Stängel Petersilie
6 Knoblauchzehen
1 Zwiebel
375 ml trockener Weißwein
200 ml Tomatensauce, möglich selbst gemacht
140 g einfach konzentriertes Tomatenmark
1 Handvoll grüne Oliven
Salz
Pfeffer aus der Mühle

Am Vortag den Reis in einem großen Topf mit Salzwasser 30 Min. garen. Den Herd ausstellen, einen Deckel auf den Topf legen und den Reis 3 Std. ruhen lassen.

In einem Sieb abtropfen lassen und möglichst viel Flüssigkeit herauspressen, sodass eine feste Masse entsteht. Den Reis in eine große Schüssel geben, abdecken und über Nacht kühl stellen.

Für die Sauce am nächsten Tag die Champignons putzen und in Scheiben schneiden. In einer Pfanne zusammen mit den Lorbeerblättern im erhitzten Olivenöl anschmoren. Das Hackfleisch zugeben und rühren, damit es schön zerbröselt. Inzwischen Petersilie waschen und trocken tupfen, Knoblauch und Zwiebel schälen und beides sehr fein hacken. Sobald das Fleisch schön gebräunt und das Wasser verdampft ist, Petersilie, Knoblauch und Zwiebel unterrühren. Dann den Weißwein angießen und mit Salz und Pfeffer würzen. Anschließend Tomatensauce sowie -mark, Oliven und ein großes Glas Wasser zugeben. Zugedeckt 1 Std. leicht köcheln lassen.

Eier und Käse zum Reis geben und mit den Händen gut untermengen. Die Mischung sollte eine leicht pappige Konsistenz haben. Mit den Händen zu 10 Kugeln formen, diese fest zusammendrücken und zu dicken Fladen ausrollen. In Mehl wenden.

In einer großen Pfanne das Öl stark erhitzen und die Reisfladen darin portionsweise 15–20 Min. frittieren. Zwischendurch immer wieder wenden. Auf Küchenpapier abtropfen lassen. Die Fladen zusammen mit der Sauce servieren.

Julies Tipps –

Die Reisfladen vor dem Backen in den Kühlschrank stellen. Dann fallen sie beim Garen nicht so schnell auseinander.

Wer könnte dem Charme von Bonifacio widerstehen? Vor allem in der Nebensaison!

MIESMUSCHELN À LA PESQUIÈRE
VON JACQUES

Vielleicht fragen Sie sich, was Moules pesquières sein mögen? Nun, die Antwort ist einfach: Pesquière heißt Jacques' Restaurant in Saint-Tropez, das heute von seiner Tochter geleitet wird. Dort hat einer der Köche dieses Rezept entwickelt. Inzwischen ist es im Restaurant längst zum Klassiker geworden. Die Muscheln werden wie ein Gazpacho angerichtet und sind garantiert der Hit auf Ihrem nächsten Sommerfest!

Für 8 Personen
Zubereitungszeit : 5 Min
Garzeit : 2–3 Min

2 kg frische Miesmuscheln
3 Tomaten
1 große weiße Zwiebel
1 kleine grüne Paprikaschote
Salz
Pfeffer aus der Mühle
200 ml Olivenöl
100 ml Weinessig

Miesmuscheln unter fließendem kaltem Wasser gründlich abbürsten und von den Bärten befreien. Geöffnete Exemplare wegwerfen.

Die Muscheln in einen hohen Topf geben, 200 ml Wasser zugießen, den Deckel auflegen und die Meeresfrüchte bei starker Hitze 2–3 Min. kochen lassen. Sobald alle Muscheln geöffnet sind, den Topf vom Herd nehmen und die Muscheln abkühlen lassen.

Inzwischen die Tomaten waschen, vom Stielansatz befreien und fein würfeln. Zwiebel schälen und fein würfeln, Paprikaschote vom Kerngehäuse befreien und ebenfalls fein würfeln. Gemüsewürfel in eine Schüssel geben. Kräftig mit Salz und Pfeffer würzen und mit Olivenöl sowie Essig marinieren. Die Muscheln teilen, leere Schalen entfernen, gefüllte auf 8 Tellern anrichten. Jeweils mit Gemüsemischung garnieren und gut gekühlt servieren.

Jacques findet dieses Gericht sogar noch besser, wenn die »Sauce« bereits am Vortag zubereitet wird.

Julies Tipps –

Sie können die Gazpacho-Sauce auch im Mixer zubereiten. Es bleibt Ihnen überlassen, welche Miesmuscheln Sie verwenden: Die an Bouchots (Pfählen) gezüchteten Muscheln sind schmackhafter, während sich die großen Espagnoles besser füllen lassen.

SOCCA VON GUY

Guy nutzte anlässlich unseres Festessens den sehr alten Steinofen in dem wunderschönen Dörfchen Peillon oberhalb von Nizza. Es versteht sich, dass das rauchige Aroma die Socca ganz besonders macht. Doch auch auf einem Grillrost im sehr heißen Backofen gelingt sie problemlos!

Für 10 Personen
Zubereitungszeit : 5 Min
Backzeit : 3–5 Min

500 g Kichererbsenmehl
4 TL Salz
8 EL hochwertiges Olivenöl
schwarzer Pfeffer aus der Mühle

Den Steinofen erhitzen, bis sich eine schöne Glut zeigt. Das Mehl in 1 l Wasser schütten, Salz und Olivenöl hinzufügen und mit einem Schneebesen zu einem glatten Teig verrühren. Nun 1 Spritzer Öl auf einem beschichteten Backblech verteilen und das Blech für 5 Min. in den Backofen schieben, damit es richtig heiß wird. Beim Herausnehmen daran denken, dass das Blech sehr heiß ist. Nun mit einer Kelle den Teig auf das Blech geben.

Im auf 250 °C vorgeheizten Backofen je nach Dicke der Socca und Ofenhitze 3–5 Min. backen, dabei die Socca-Fladen mehrfach wenden. Herausnehmen und direkt in ungleichmäßige Stücke brechen. Kräftig mit Pfeffer würzen. Noch heiß essen!

Das pittoreske Dorf Peillon liegt auf einer felsigen Anhöhe. Hier fand unser Festessen statt.

CASSOULET VON MICHEL

Für 10 Personen
Zubereitungszeit : 30 Min
Garzeit : 2 Std.
Ruhezeit : 1 Nacht

Am Vortag die Bohnen in kaltem Wasser einweichen. Aus Schweinefüßen, Schweineschwarte, Schinken, 4 l Wasser und dem Bouquet garni die Brühe kochen.

Am nächsten Tag die Zwiebeln schälen, fein hacken und in einem Topf im Entenschmalz anbraten, dann beiseitestellen. Die Würste in 10 cm breite Stücke schneiden, im Entenfett anbraten, dann beiseitestellen.

Auch die Schweinerippchen im Topf mit dem Entenfett anbraten und ebenfalls beiseitestellen.

Das Fleisch und das Bouquet garni aus der Brühe nehmen und die Brühe abseihen. Bohnen abgießen und 15 Min. in der Brühe garen. Abgießen, dabei die Brühe auffangen.

Den Backofen auf 210 °C (Gas Stufe 7) vorheizen. Die Knoblauchknollen zerdrücken und in einen großen ofenfesten Schmortopf geben. Bohnen, Zwiebeln, Schweinerippchen, Würste, Schwarte und Schweinefüße hinzufügen. Leicht mit Salz und Pfeffer würzen. Mit Brühe auffüllen und 2 Std. im Backofen garen, dabei den Topfinhalt im Auge behalten. Mit Salz und Pfeffer würzen.

Sobald der Schmortopf an der Oberseite gebräunt ist, die Kruste aufbrechen und untermischen. Darauf achten, dass die Stücke gut untergemischt sind, und dann bei 210 °C weitergaren.

Diesen Vorgang insgesamt sechsmal wiederholen – und zwar jedes Mal, wenn sich eine Kruste bildet. Nach dem sechsten Mal Entenkeulen und Rebhuhnstücke hinzugeben. Etwa 15 Min. im Backofen gratinieren lassen. Sobald sich wieder eine Kruste bildet, das Cassoulet aus dem Backofen nehmen und sofort servieren.

1 kg weiße, getrocknete Bohnen, z.b. Cocobohnen
2 große Zwiebeln
3 EL Entenschmalz
1 kg Saucisse à Carcassone (franz. Kochwurst; ersatzweise große Mettwürste, z.B. italienische Salsicce)
600 g Schweinerippchen
2 Knoblauchknollen
Salz
Pfeffer aus der Mühle
10 Entenkeulen (konfiert)
10 Stücke vom Rebhuhn (konfiert)

Für die Brühe
2 Schweinefüße
500 g frische Schweineschwarte
100 g getrockneter Schinken
1 Bouquet garni (Thymian, Lorbeer, Petersilie, Sellerie)

Julies Tipps –

Michel empfiehlt, das Cassoulet bereits am Vortag zuzubereiten. Dann muss es am nächsten Tag nur noch aufgewärmt werden. Dann auf jeden Fall darauf achten, dass es nicht zu trocken wird und eventuell noch Brühe zugeben. Das Aufwärmen des Cassoulet für 10 Personen dauert mindestens 2 Stunden!

LA
PLANQUE

GESCHMORTES RINDFLEISCH IN ROTWEIN
VON CÉLINE

Für 6 Personen
Zubereitungszeit : 5 Min.
Garzeit : 5 Std. 15 Min.
Ruhezeit : 24 + 12 Std.

Dieses Schmorgericht ist ein Klassiker der provenzalischen Küche und kann mit Rind-, Lamm- oder Schweinefleisch zubereitet werden. Es kann in Rot- oder Weißwein garen. Wie auch immer, es sollte auf jeden Fall bereits am Vortag zubereitet werden, damit sich die Aromen entfalten. Geben Sie Streifen der hochheiligen Orangenschale hinzu, denn sie ist in jedem provenzalischen Schmorgericht einfach unverzichtbar.

1,2 kg Schulterstück vom Rind, in große, gleichmäßige Stücke geschnitten
4 Zwiebeln
6 Gewürznelken
5 Karotten
1 Stange Lauch, nur das Weiße
1 Stange Staudensellerie
3 Knoblauchzehen
4 Wacholderbeeren
1/3 TL frisch geriebene Muskatnuss
750 ml kräftiger Rotwein
2 EL Olivenöl
200 g Schweinespeck, gewürfelt
1 EL Mehl
1–2 Streifen unbehandelte Orangenschale
1 Schuss Cognac
1 TL Tomatenmark
1 TL Salz
Pfeffer aus der Mühle

2 Tage vorher das Fleisch in eine große Schüssel legen, 1 Zwiebel schälen und mit den Gewürznelken spicken. 1 Karotte schälen, den Lauch längs halbieren und waschen. Sellerie waschen und grob zerkleinern, Karotte und Lauch ebenfalls in grobe Stücke schneiden. Knoblauchzehen zerstoßen und mit dem Gemüse in die Schüssel geben. Wacholderbeeren und Muskatnuss zugeben. Mit Salz und Pfeffer würzen, den Wein angießen. Das Fleisch abdecken und 24 Std. kühl stellen.

Am Vortag den Backofen auf 150 °C (Gas Stufe 5) vorheizen. Restliche Zwiebeln schälen, eine grob würfeln und die anderen beiden fein hacken. Das Olivenöl in einem ofenfesten Schmortopf erhitzen und die Zwiebeln daran anschwitzen, zügig den Speck zugeben und beides schmoren, aber nicht bräunen. Das Fleisch aus der Marinade heben, gut abtropfen lassen, in den Schmortopf geben und 3–4 Min. anbraten. Zwischendurch immer wieder umrühren. Mit Mehl bestäuben und weitere 3 Min. schmoren lassen. Dann die Marinade sowie Orangenschale und Cognac zugeben und das Tomatenmark in die Sauce rühren. Köcheln lassen, einen Deckel auf den Topf legen und das Fleisch 5 Std. im Backofen garen. Etwa 1 Std. vor dem Ende der Garzeit restliche Karotten schälen, klein schneiden und in den Schmortopf geben.

Herausnehmen, abkühlen lassen und mindestens über Nacht kühl stellen. Das Fleisch am nächsten Tag erwärmen und servieren. Gekochte Kartoffeln dazu reichen.

Julies Tipp –
Bei der Orangenschale das Weiße zwischen Fruchtfleisch und Schale entfernen, es schmeckt bitter.

Goldbrasse im Gemüse-Oliven-Bett

von Annie und Magali

Für 6 Personen
Zubereitungszeit : 30 Min
Garzeit : 1 Std. 30 Min

Für das Gemüsebett
1 kg festkochende Kartoffeln
1 große weiße Zwiebel
Olivenöl
2 große Tomaten
4 Knoblauchzehen
1 kleines Bund getrockneter Fenchel
Salz
schwarzer Pfeffer aus der Mühle

Für die Goldbrasse
1 Bund wilde Fenchelstängel
1/2 Aubergine
1/2 Fenchelknolle
1 kleine Zwiebel
1 Tomate
1 Bio-Zitrone
200 g französische grüne Oliven, z. B. Olives cassées
Fenchelsalz
1 küchenfertige Goldbrasse à 2 kg

Für das Gemüsebett Kartoffeln schälen und würfeln. Zwiebel abziehen und fein hacken. In einem Bräter 3 EL Olivenöl erhitzen und die Zwiebel darin andünsten. Tomaten enthäuten, achteln und das Fruchtfleisch grob hacken. Gemeinsam mit den ungeschälten Knoblauchzehen in den Bräter geben.

Kartoffelwürfel sowie getrockneten Fenchel hinzufügen und mit wenig Salz und Pfeffer würzen. Einen Deckel auflegen und 45 Min. garen, bis die Kartoffeln weich sind.

Backofen auf 180 °C Ober-/Unterhitze (Gas Stufe 6) vorheizen.

Den Boden einer Fettpfanne für den Backofen mit dem wilden Fenchel bedecken. Aubergine waschen, würfeln und in einer Pfanne in 2 EL Olivenöl anbraten. Fenchelknolle waschen, putzen und in feine Streifen schneiden. Zwiebel schälen und fein hacken, Tomate klein schneiden.

Die Zitrone waschen und klein schneiden. Fenchel, Zwiebel, Tomate und Zitrone mit den Oliven mischen. Alles mit Pfeffer würzen. Nicht salzen oder nur wenig, denn die Oliven sind bereits ausreichend salzig. Auberginenwürfel zufügen, großzügig mit Olivenöl beträufeln und den Fisch mit diesem Gemüse füllen. Auf den wilden Fenchel legen und das Gemüse für das Gemüsebett darum herum verteilen. Mit Olivenöl beträufeln, den Fisch mit Fenchelsalz würzen und das Ganze ca. 45 Min. im Ofen garen. Vor dem Servieren mit bestem Olivenöl beträufeln.

Julies Tipps –

Merken Sie sich die ideale Garzeit im Backofen von 45 Min. für einen 2 kg schweren Fisch: Stellen Sie den Ofen auf Ober-/Unterhitze ein, mit Umluft würde der Fisch zu schnell austrocknen.

MARINIERTES LAMM MIT TROCKENFRÜCHTEN VON DAVID PREVEL

Für 6 Personen
Zubereitungszeit: 45 Min
Garzeit : 30 Min
Ruhezeit : 1 Nacht

In der Corbières führt David einen idyllischen Gasthof. Wein und andere überragende Produkte der Region werden hier kredenzt, zusammen mit frischen und innovativen Gerichten, die niemals ihre Wurzeln verleugnen. Dieses Gericht vereint alle Vorzüge der Region auf wundersame Weise.

1 kg Lammfilet
100 g Karotten
100 g Zwiebeln
60 g rosa Knoblauch
150 ml Honigessig
(z. B. von Cyril Codina)
150 ml Brombeeressig
(z. B. von Cyril Codina)
200 ml hochwertiges Olivenöl
20 g Fleur de sel (z. B. aus Gruissan)
10 kleine Zweige Rosmarin
50 g kleine weiße Mandeln
20 g geklärte Butter
50 g kandierte Feigen
500 g getrocknete Aprikosen
50 g getrocknete Tomaten
70 ml Marc de Muscat
(Brand aus der Muskattraube,
z. B. aus Saint-Jean-Minervois)
60 g Kirschtomaten
1 Bund grüner Spargel
100 g Tomatenkonfitüre
10 g Pfeffer

Am Vortag das Lammfleisch von Fett und Sehnen befreien, sehr fein würfeln und in einen Steinguttopf legen. Karotten, Zwiebeln und Knoblauch schälen und in 2 mm große Würfel schneiden. Zum Lamm geben. Mit den Essigen und dem Olivenöl übergießen, mit der Hälfte des Salzes würzen und die Rosmarinzweige hinzufügen. Über Nacht kühl stellen.

Am nächsten Tag in einer Pfanne die weißen Mandeln in der geklärten Butter anschwitzen, bis sie Farbe nehmen. Dann in einen Schmortopf geben. Feigen, Aprikosen und getrocknete Tomaten würfeln, in eine Pfanne geben und mit einem ordentlichen Schuss Marc de Muscat flambieren. Die Früchte quellen auf, halten aber gut ihre Form. In den Schmortopf geben.

Für die Beilage die Kirschtomaten waschen und vierteln, den Spargel waschen, die harten Enden entfernen und die Stangen in feine Juliennestreifen schneiden. Das Fleisch aus dem Steinguttopf heben, abtropfen lassen und die Marinade auffangen. Tomatenkonfitüre zugeben (gerade so viel, dass die Masse sich gut verbindet) und auch die Kirschtomaten zufügen. Leicht mit Salz und Pfeffer würzen. Fleisch und Gemüse auf Tellern anrichten und mit den Spargel-Juliennes garnieren. Mit etwas Marinade beträufeln.

Julies Tipp –

Dieses Lammtatar ist köstlich! Achten Sie auf hervorragende Fleischqualität.

Nach einer stürmischen Ausfahrt zum Fischfang probiere ich zusammen mit Camille den herrlichen Tintenfisch. Witzig, in Paris sieht er ganz anders aus!

La bouillabaisse d'épinards de Jeanine
ou épinards à la marseillaise
2 oignons
1 blanc de poireau
3 belles gousses d'ail
2 feuilles de laurier
Batons de fenouil sec
2 étoiles de Badiane
10 cl. d'huile d'olive
2 doses de safran

SEEKUCKUCK MIT SAFRAN
VON SERGE

Für 4 Personen
Zubereitungszeit : 30 Min
Garzeit : 1 Std. 40 Min

Im Süden Frankreichs handelt es sich bei Knurrhahn meist um einen Seekuckuck. Er unterscheidet sich von der keinen Rotbarbe, und obgleich er deutlich günstiger ist, ist sein Fleisch genauso fein. Durch seine Farbe und seinen prägnanten Geschmack lässt er sich gut mit Tomate und Safran kombinieren. Dieses ländlich-einfache und unheimlich schmackhafte Gericht hat seinen Weg in meine Familienküche gefunden.

2 Seekuckucke oder rote Meerbarben à 600 g, küchenfertig
50 ml Olivenöl
3 Zwiebeln
6 Knoblauchzehen
400 g stückige Tomaten aus der Dose
1 Bund Petersilie, Blätter zerpflückt
2 Lorbeerblätter
2 Vogelaugen-Chilischoten, zerstoßen
1 g Safran
400 ml trockener Weißwein
400 ml Tomatenpüree
Salz
Pfeffer aus der Mühle
200 g Spaghetti

In einer großen Pfanne die Fische in Olivenöl knusprig braun braten. Inzwischen Zwiebeln und 3 Knoblauchzehen schälen und fein hacken. Die Fische aus der Pfanne nehmen und stattdessen die Zwiebeln hineingeben. Sobald die Zwiebeln weich sind, Knoblauch, stückige Tomaten, die Hälfte der Petersilienblätter, Lorbeerblätter, Chilis, Safran, Weißwein und Tomatenpüree zugeben. Mit Salz und Pfeffer würzen, alles gut mischen, einen Deckel auflegen und die Sauce 1 Std. 15 Min. köcheln lassen.

Die Spaghetti nach Packungsanleitung bissfest garen, dann abgießen. Die Fische zusammen mit den gut abgetropften Spaghetti in die Pfanne mit der Sauce geben. Noch 10 Min. leicht köcheln lassen, um alles zu erwärmen und den Fisch fertig zu garen.

Inzwischen die restlichen Knoblauchziehen abziehen und gemeinsam mit der restlichen Petersilie fein hacken. Kurz vor dem Servieren über die Fischpfanne streuen.

OCHSENSCHWANZ-GRATIN VON MARIE-CHRISTINE

Für 4 Personen
Zubereitungszeit: 35 Min
Garzeit: 4 Std. 30 Min

2 Karotten
1 Stange Staudensellerie
1 große Stange Lauch
1 Knoblauchzehe
1 Zwiebel
7 Gewürznelken
1 kleines Bouquet garni
1,2 kg Ochsenschwanz, vom Metzger in Stücke gehackt
1 kg Kartoffeln, z. B. Agata
Salz
1 Markknochen
1 EL Mehl
2 EL Sahne
Pfeffer aus der Mühle
Muskatnuss
Butter für die Form
50 g Semmelbrösel
50 g Butterflöckchen

Karotten und Sellerie putzen, Lauch längs halbieren, waschen und grob hacken. Knoblauch und Zwiebel schälen, Zwiebel mit den Gewürznelken spicken. Das Gemüse in einen Fleischtopf geben, das Bouquet garni hinzufügen, 3 l Wasser angießen und zum Kochen bringen. Das Fleisch hineinlegen und bei geringer Hitze 3–4 Std. garen. Das Gemüse herausnehmen, bevor es zerfällt.

Etwa 1 Std. vor Ende der Garzeit die Kartoffeln schälen und würfeln. In einen Topf geben, mit Wasser bedecken und Salz hinzufügen. Den Markknochen am Mark leicht mit Mehl bestäuben, damit es sich beim Kochen nicht vom Knochen löst, und in den Topf mit den Kartoffeln geben. Zum Kochen bringen und sanft garen, bis die Kartoffeln weich sind.

Abgießen und mit einer Gabel zerdrücken, das Mark zugeben und mit Sahne und etwas Rinderbrühe nach und nach zum Püree mischen. Kräftig mit Pfeffer und Muskatnuss würzen.

Den Backofen auf 180 °C (Gas Stufe 6) vorheizen. Ochsenschwanzstücke herausnehmen und abtropfen lassen. Das Fleisch von den Knochen lösen und grob hacken. Eine mittelgroße Auflaufform mit Butter einfetten und das Fleisch darin verteilen. Das Püree darauf verstreichen. Mit Semmelbröseln bestreuen, mit Butterflöckchen besetzen und das Gratin 15–20 Min. im Backofen garen. Einen grünen Salat dazu reichen.

Marie-Christine und ihre Freundin, in deren Küche wir zusammen gekocht haben

Julies Tipp –

Sie können den Ochsenschwanz auch durch Rinderbacke ersetzen.

HÜHNCHEN MIT FLUSSKREBS
VON CLAUDE

Für 6 Personen
Zubereitungszeit : 15 Min.
Garzeit : 1 Std. 10 Min.

Diese Liaison von Land und Meer, der ganze Stolz der Region, ist eine echte Gaumenfreude!

1 Bio-Huhn à 1,8 kg, in 12 Stücke geteilt
3 EL Sonnenblumenöl
21 Flusskrebse
3 Schalotten
1 Karotte
1 Knoblauchzehe
1/2 Bund Petersilie
1/2 Stange Lauch, nur das Weiße
50 ml Pflaumen- oder Birnenbrand, ersatzweise Cognac
140 g einfach konzentriertes Tomatenmark
750 ml trockener Weißwein, z. B. Sauvignon
2 Zweige Thymian
1 Lorbeerblatt
1 Prise Cayennepfeffer
1 TL Salz
Pfeffer aus der Mühle
250 ml Sahne

In einem großen gusseisernen Schmortopf die Hühnchenteile portionsweise bei mittlerer Hitze in 2 EL Öl anbraten, ohne sie zu stark zu bräunen. Den Darm der Flusskrebse entfernen. 3 nicht so schöne Flusskrebse zum Huhn in den Topf geben, einen Deckel auflegen und die Hitze erhöhen. Nun 15 Min. garen.

Inzwischen Schalotten, Karotte und Knoblauch schälen und ebenso wie die Kräuter und den weißen Lauchabschnitt fein hacken. Eine große Pfanne bei starker Hitze erhitzen, das restliche Öl zugießen und die Flusskrebse zufügen. Einen Deckel auflegen und 5–7 Min. garen. Dabei zwischendurch immer wieder umrühren.

Die Flusskrebse im Schmortopf mit Obstbrand übergießen und flambieren. Das Hühnerfleisch mit dem fein gehackten Gemüse bedecken und die Flusskrebse aus der Pfanne zufügen. Tomatenmark im Wein auflösen und angießen. Thymian und Lorbeer hinzufügen. Mit Cayennepfeffer, Salz und Pfeffer würzen. Umrühren, einen Deckel auflegen und das Ganze 30 Min. bei kräftiger Hitze garen. Sahne unterrühren, eventuell noch etwas nachwürzen und weitere 10 Min. garen.

Julies Tipps –
Vergessen Sie nicht, beim Kochen eine Schürze umzubinden. Servietten am Tisch helfen Saucenflecken zu vermeiden!
Claude findet, dass das Gericht aufgewärmt noch besser schmeckt.
Servieren Sie dazu Reis oder Kartoffeln.

GEFÜLLTE SARDINEN
VON SUZON

Für 3 Personen
Zubereitungszeit : 20 Min
Garzeit : 20 Min

25 g altbackenes Weißbrot
50 ml Milch
6 Salatblätter
4 Stängel Petersilie
1 Knoblauchzehe
70 g Parmesan, frisch gerieben
1 kräftige Prise Anissamen
1 Ei, verquirlt
Salz
Pfeffer aus der Mühle
12 oder 18 Sardinen (je nach Größe)
Öl für das Blech
60 g Semmelbrösel
1 TL getrockneter Oregano
3–4 EL Pastis (Anislikör)
einige Zweige getrockneter Fenchel

Für die Füllung das Weißbrot in der Milch einweichen. Die Ränder der grünen Salatblätter entfernen und klein hacken. Petersilie fein hacken, die Knoblauchzehe schälen und zerstoßen. Den Parmesan zusammen mit Salat, Petersilie, Knoblauch und Anissamen in einen Mixer füllen und kurz durchmixen.

Weißbrot aus der Milch nehmen, abtropfen lassen, nicht ausdrücken und in eine Rührschüssel geben. Das verquirlte Ei zugeben, dann die Kräuter-Parmesan-Mischung. Salzen und pfeffern. Das Ganze gut vermengen. Rücken- und Bauchflossen der Sardinen bis auf Kopfhöhe drücken, um sie herauszulösen, dann die Innereien entfernen. Mit dem Daumen am Rand entlangstreifen, um das Fleisch herauszulösen. Sie sollten nun jeweils 2 miteinander verbundene Filets haben. Diese kühl stellen.

Den Backofen auf 220 °C (Gas Stufe 7–8) vorheizen. Ein Backblech mit Öl einpinseln und die Hälfte der Sardinenfilets mit der Haut nach unten darauflegen. Jedes Filet mit Füllung bedecken und ein zweites Filet darüberschichten, so wie beim Belegen eines Sandwiches. Die Sardinen mit Semmelbröseln und Oregano bestreuen und mit Pastis beträufeln. Einige Fenchelstängel darauf verteilen. Mit Salz und Pfeffer würzen und im Backofen 20 Min. garen. Warm oder kalt servieren.

Julies Tipps –

Servieren Sie dieses Gericht als Vorspeise. Reichen Sie zarte, grüne Salatblätter mit Parmesan dazu, aromatisiert mit Olivenöl, Knoblauch und Sherryessig. Sie können die Fenchelzweige durch Fenchelsamen ersetzen.

MANDELTARTE MIT PINIENKERNEN
VON JOSY

Für 10 Personen
Zubereitungszeit : 40 Min.
Backzeit : 2 Std.

275 g Blätterteig aus dem Kühlregal (2 Kreise)
30 g Pinienkerne
Puderzucker zum Bestäuben

Für die Konditorcreme
4 Eigelb
100 g Zucker
60 g Mehl
500 ml Milch
150 g gemahlene Mandeln
1/2 TL Bittermandelextrakt

Für das Baiser
4 Eiweiß
100 g feiner Zucker

Den Backofen auf 180 °C (Gas Stufe 6) vorheizen. Die Blätterteigkreise gleichmäßig mit einer Gabel einstechen und 15–20 Min. vorbacken. Danach die Backofentemperatur auf 80 °C reduzieren.
Inzwischen für die Konditorcreme Eigelbe und Zucker zu einer hellen, cremigen Masse aufschlagen, das Mehl hineinsieben und gut unterrühren. Die Milch in einem Topf zum Sieden bringen und unter ständigem Rühren in die Eigelbmischung gießen. Die Masse in einen sauberen Topf füllen und bei geringer Hitze unter Rühren eindicken lassen. Sobald die Creme leicht fest geworden ist, gemahlene Mandeln und Bittermandelextrakt gründlich untermengen.
Einen der beiden Blätterteigkreise auf ein mit Backpapier belegtes Blech legen und fast bis zum Rand mit Creme bestreichen (Josy verwendet lediglich drei Viertel der Creme). Den zweiten Blätterteigkreis mit der flachen Seite nach oben auflegen. Restliche Creme darauf verstreichen.
Für das Baiser die Eiweiße mit einem Mixer zu steifem Schnee schlagen, dabei nach und nach den Zucker einrieseln lassen. So lange schlagen, bis der Schnee Spitzen zieht. Auf der Tarte verstreichen. Mit Pinienkernen bestreuen und bei 80 °C ca. 1 1/2 Std. backen. Herausnehmen, auf einem Kuchengitter abkühlen lassen und dick mit Puderzucker bestäuben.

MANDELPUDDING
VON JEANNE

Für 12 Personen
Zubereitungszeit : 15 Min.
Garzeit : 5 Min.
Ruhezeit : 8 Std.

<u>Für den Pudding</u>
8 Blatt weiße Gelatine
250 g Mandeln von guter Qualität; z.B. aus der Provence
250 ml Milch
250 g Zucker
500 ml Sahne

<u>Für die Garnitur</u>
kandierte Früchte, gehackte Mandeln oder Himbeerpüree

Die Gelatineblätter in einer Schüssel mit kaltem Wasser einweichen. Die Mandeln in der Küchenmaschine sehr fein mahlen. In einen Topf geben, die Milch zugießen und leicht erhitzen. Dann den Zucker untermischen. Stetig rühren. Sobald sich der Zucker aufgelöst hat und eine sämige Creme entstanden ist, den Topf vom Herd nehmen und die Creme in eine große Rührschüssel füllen. Die Gelatine ausdrücken, kurz erhitzen und auflösen. Gründlich unter die noch warme Masse mengen. Kurz abkühlen lassen.
Die Sahne steif schlagen und unter die Creme heben. Die Mischung in eine schöne Form, beispielsweise eine Rodonkuchen- oder Gugelhupfform mit festem Boden, füllen. Für mindestens 8 Std. oder über Nacht kühl stellen.
Am nächsten Tag die Form kurz in kaltes Wasser tauchen und den Mandelmilchpudding vorsichtig stürzen. Mit kandierten Früchten, gehackten Mandeln oder Himbeerpüree garnieren.

Julies Tipps –

Jeanne verwendet wegen ihres Geschmacks und ihres Nährwerts am liebsten ungeschälte Mandeln, aber wenn Sie Wert auf die reine weiße Farbe des Puddings legen, dann nehmen Sie geschälte Mandeln. Ich empfehle Ihnen für die Garnitur kandierte Früchte von Lilamand aus Saint-Rémy-de-Provence.

Kleiner Stopp bei Michelle inmitten der Lavendelfelder in der Drôme provençale.

MANDELGEBÄCK VON VIRGINIE

Für 10 Personen
Zubereitungszeit : 20 Min.
Garzeit : 35 Min.
Ruhezeit : 1 Std.

Caristrelli heißen sie auf Korsisch, Cantucci auf Italienisch und Croquants in der Provence. Dieses Gebäck, das seinen Namen zu Recht trägt (wird es doch zweimal gebacken), gehört definitiv in die Regionen des Mittelmeers.

3 große Eier
250 g Rohrzucker
250 g Mehl
250 g ungeschälte Mandeln (möglichst aus der Provence)

Den Backofen auf 200 °C Umluft (Gas Stufe 7) vorheizen. In einer Schüssel die Eier aufschlagen, den Rohrzucker hinzugeben und beides mit dem elektrischen Mixer zu einer hellen schaumigen Masse aufschlagen. Nach und nach das Mehl dazusieben und unter Rühren untermischen. Die ganzen Mandeln zugeben und gut unterrühren. Ein Lage Backpapier zu zwei rechteckigen »Backformen« von etwa 8 cm Länge falten. Den Teig in diese Formen füllen, locker verstreichen und im vorgeheizten Backofen 15 Min. backen, bis die Gebäckstücke schön gebräunt sind. Mit einem Brotmesser in 0,5 bis 1 cm breite Scheiben schneiden. Die Scheiben auf ein Backblech legen, mit Backpapier abdecken und nochmals 15–20 Min. bei 150 °C im Backofen trocknen lassen. Das Mandelgebäck zu einem Dessert servieren, eventuell in ein Glas süßen Wein tauchen.

Julies Tipps –

Sie können dem Gebäck mit Gewürzen wie Vanille, Zimt oder Anis zusätzliches Aroma verleihen oder Sie geben Schokokügelchen, Pistazien oder Zitrusschale hinzu. Ich ersetze die Hälfte der Mandeln auch gern durch gemahlene Haselnüsse.

NONTRON
PÉRIGORD NOIR
GIRONDE
AUBRAC
AVEYRON
LES LANDES
PAYS BASQUE

197

SÜDWESTEN

GEFÜLLTE TASCHENKREBSE
VON JULIEN UND PATXIKU

Für 4 Personen
Zubereitungszeit : 30 Min.
Garzeit : 5 Min.

4 mittelgroße Taschenkrebse, fertig gegart
oder 500 g Krebsfleisch
2 Karotten
2 Stangen Lauch
1 Zwiebel
2 große Knoblauchzehen
1 gestrichener TL Salz
4 EL Olivenöl
100 ml Weißwein
100 ml passierte Tomaten
1 Prise Piment d'Espelette (franz. Chiligewürz)
50 ml Cognac
3 EL frisch gehackte Petersilie
150 ml Fischfond
4 EL Semmelbrösel
40 g Butter

Backofengrill vorheizen, Die Taschenkrebse aufbrechen, um das Fleisch aus den Scheren und den Panzern herauszulösen. Die Panzer aufbewahren und gründlich abspülen, dann innen trocken tupfen.

Karotten und Lauch putzen und sehr fein hacken. Zwiebel und Knoblauchzehen schälen und ebenfalls fein hacken. Das Gemüse mit Salz würzen. Olivenöl in einer großen Pfanne erhitzen und das Gemüse darin anschwitzen. Weißwein angießen und verkochen lassen.

Passierte Tomaten und Chiligewürz zufügen. Den Cognac erhitzen und flambieren, dann ebenfalls zum Gemüse geben. Krebsfleisch und Petersilie behutsam untermischen. Eventuell nochmals mit Salz würzen. Nach und nach den Fischfond zugießen, damit die Masse etwas flüssiger wird.

Diese Mischung in die gesäuberten Krebspanzer oder kleine Auflaufförmchen füllen. Jede Portion mit 1 EL Semmelbrösel bestreuen, noch jeweils 1 EL Butter aufsetzen und das Ganze unter dem Grill des Backofens 2–3 Min. überbacken. Heiß servieren und einen Gurkensalat dazu reichen.

GÄNSELEBERPASTETE VON ROGER CROUZEL

Für 10 Personen
Zubereitungszeit : 15 Min.
Garzeit : 45 Min.–1 Std.
Ruhezeit : 3 Tage

Auf meiner Reise habe ich gelernt, dass im Périgord seit einiger Zeit mehr Gänse als Enten gehalten werden. Dank einiger Landwirte, die an der Tradition festhalten, wie etwa die Gänsezüchter Denis und Nathalie Mazet oder Roger Crouzel, der mir seine Fingerfertigkeit gezeigt hat, können wir auch heute noch die traditionelle Gänseleberpastete aus dem Périgord zubereiten.

1 Gänseleber à 700–800 g, beim Geflügelhändler vorbestellt
9 g Salz
Pfeffer aus der Mühle
2 EL weißer Portwein
Gänseschmalz oder -fett

Die Leber bei Zimmertemperatur mindestens 1 Std. stehen lassen. Backofen auf 150 °C (Gas Stufe 5) vorheizen und die Fettschale des Ofens mit Wasser für das Wasserbad füllen. Die 2 Lappen der Leber voneinander trennen. Mit einem kleinen spitzen Messer die große Vene an der Rundung jedes Lappens entfernen, dabei mit dem Finger oder dem Messer ihrem Verlauf folgen, um sie dann an der Oberseite vorsichtig herauszuziehen. Außerdem die Reste der Galle (gelb oder grün) und die Schwellungen an der Haut der Leber entfernen.

Die beiden Leberlappen mit der glatten Seite nach unten auf eine Arbeitsfläche legen. Mit Salz bestreuen und das Salz in die Leber einmassieren. Mit Pfeffer würzen. Den großen Lappen mit der glatten Seite nach unten in eine entsprechend große Terrine legen und darauf den kleinen Lappen mit der glatten Seite nach oben auflegen. Mit dem Portwein übergießen und die Oberseite der Leber mit Frischhalte- oder Aluminiumfolie abdecken. Die Terrine in die Fettpfanne im Backofen stellen, die Temperatur auf 100 °C (Gas Stufe 3–4) reduzieren und die Leber 45 Min. bis 1 Std. garen.

Herausnehmen und ruhen lassen, bis die Leber abgekühlt ist, dann leicht eindrücken. Die Leber mit dem Bratfett oder Gänseschmalz bedecken, damit sie nicht oxidiert. Vor dem Servieren 3 Tage kühl stellen.

Julies Tipps –

Im Prinzip rechnet man 15 g Salz auf 1 kg Leber, ich persönlich nehme aber nicht mehr als 12 g pro kg, 9 g Salz für 750 g Leber sind also ausreichend.

Die Garzeit variiert, deshalb sollten Sie die Leber im Auge behalten. Zieht sie sich rasch zusammen, gart sie auch schnell. Ansonsten muss sie eventuell noch etwas länger garen.

BJ-754-LG

FEINE TARTE MIT STEINPILZEN UND SPECK-CHIPS VON FRÉDÉRIC JOMBARD

Für 4 Personen
Zubereitungszeit : 30 Min.
Garzeit : 1 Std.

Ganz sicher eines der besten Steinpilz-Gerichte, das mir jemals serviert wurde!

2 Schalotten
2 EL Entenfett
2 EL Erdnussöl
4 dünne Streifen Speck, z. B. aus dem Bigorre
50 g roher Schinken, z. B. aus der Bigorre
4 Salbeiblätter
5 Stängel Petersilie
1 Knoblauchzehe
500 g frische Steinpilze
Salz
Pfeffer aus der Mühle

Für den Parmesan-Mürbeteig
100 g Mehl
100 g frisch und fein geriebener Parmesan
100 g weiche Butter
1 Eigelb
Salz

Für den Teig Mehl, Parmesan, Butter und Eigelb mischen. Leicht salzen und den Teig zwischen zwei Lagen Backpapier mit einer Teigrolle ausrollen. In den Kühlschrank legen. Den Backofen auf 180 °C (Gas Stufe 6) vorheizen. Schalotten schälen und fein hacken. In einer Pfanne in 1 EL Entenfett und 1 EL Erdnussöl anbraten, dann die Hitze reduzieren und die Schalotten mindestens 20 Min. karamellisieren lassen.

Aus dem Teig 4 rechteckige Böden ausschneiden. Die Böden auf ein mit Backpapier ausgelegtes Blech legen und 8 Min. backen. Abkühlen lassen. Die Speckstreifen zwischen 2 Lagen Backpapier legen. Diese wiederum zwischen zwei Backformböden legen, damit die Chips schön flach bleiben. Im Ofen in 15 Min. kross backen.

Den Schinken in feine Streifen schneiden, Salbei und Petersilie fein hacken. Knoblauch schälen und in sehr dünne Scheiben schneiden. Die Steinpilze mit einem feuchten Küchentuch säubern und die Stielenden abbürsten. Die 2 schönsten Exemplare längs halbieren, die restlichen Pilze in kleine Stücke schneiden. Die Pilzstücke mit Salz würzen und in einer Pfanne mit dem restlichen Entenfett bei starker Hitze anbraten. Vom Herd nehmen und Schalotten, Knoblauch, Schinkenstreifen, Salbei und Petersilie untermengen. Mit Pfeffer würzen.

Restliches Erdnussöl erhitzen und die halbierten Steinpilze kräftig darin anbraten. Auf jeden Tarteboden etwas Pilzmischung verteilen, mit einer Steinpilzhälfte dekorieren und mit krossen Speck-Chips belegen. Als Vorspeise oder zu Steaks servieren.

KARTOFFEL-KÄSE-PÜREE VON GÉRAUD

Für 6 Personen
Zubereitungszeit: 20 Min.
Garzeit: 45 Min.

1 kg mehligkochende Kartoffeln, z.B. Afra
Salz
300 g Lagiuole (Hartkäse aus dem Auvrac, ersatzweise aromatischer Bergkäse)
100 ml Sahne
100 g Butter, gewürfelt
Pfeffer aus der Mühle (nach Belieben)

Kartoffeln schälen und große Exemplare längs halbieren. In einem großen Topf in kochendem Salzwasser weich garen. Aufgepasst, sie sollten nicht allzu matschig werden, sonst nehmen sie zu viel Wasser auf. Den Käse in dünne Scheiben schneiden.

Die gegarten Kartoffeln abgießen, abtropfen lassen und durch eine Kartoffelpresse zurück in den Topf drücken. Nochmals leicht erhitzen. Unter ständigem Rühren die Sahne untermischen. Kräftig mit Salz würzen.

Die Butterwürfel mit einem Spatel untermischen. Unter ständigem Rühren nach und nach den Käse unter das heiße Püree mengen. Dabei immer in die gleiche Richtung rühren, um den Faden nicht abzureißen. Zwischendurch die Masse mit einem Spatel immer wieder zu langen Fäden in die Höhe ziehen, um zu prüfen, ob das Püree schön sämig zerfließt. Eventuell noch mit Pfeffer würzen und heiß servieren.

Julies Tipp –

Géraud empfiehlt, eingelagerte Kartoffeln zu verwenden, da sie weniger Wasser enthalten als neue Kartoffeln.

Das Aubrac hat mühelos mein Herz gewonnen!

Für 8 Personen
Zubereitungszeit : 45 Min.
Garzeit : 2 Std.
Ruhezeit : 24 Std.

GÄNSE-CONFIT VON ROGER CROUZEL

Mit Confit verhält es sich ein wenig wie mit Würsten: Es wird immer behauptet, es sei schwierig und nur etwas für Profis, bis man es selbst einmal probiert! Roger hat mir bewiesen, dass es gelingen kann: mit guten Zutaten, einigen Ratschlägen und ganz viel Geduld!

1 schöne Gans à 4–6 kg, küchenfertig oder
1 Gans à 6–8 kg, wenn die Leber eingemacht werden soll
grobes Salz
Pfeffer aus der Mühle
1 kg Gänse- oder Entenfett

Die Gans zerteilen. Hals abtrennen. Die Haut entlang des Brustbeins einschneiden, dann das Messer entlang der Karkasse führen, um das Fleisch abzulösen. Dabei möglichst komplett abtrennen. An einer Keule angekommen, mit der flachen Hand darauf drücken, um den Knochen zu brechen. Sie sollten nun eine Art »Mantel« mitsamt Keulen und Flügeln mit Brust erhalten. Die Haut zuschneiden – dabei jedoch einen 1–2 cm breiten Fettrand am Fleisch belassen –, sodass 4 Stücke entstehen: 2 Keulen und 2 Flügel mit Brust. Die Knochenenden an den Keulen abschneiden.
Die Gänseteile mit 1 Handvoll grobem Salz bestreuen und mit der Haut nach unten in eine Fettpfanne legen. Die Fleischseiten mit 3–4 Handvoll Salz bestreuen. Mit Pfeffer würzen und anschließend 24 Std. kühl stellen. Abgetrenntes Fett im Kühlschrank aufbewahren.
Abgetrenntes Fett würfeln und in einer großen, gusseisernen Pfanne erhitzen. Zusätzliches Gänse- oder Entenfett ebenfalls würfeln und zufügen. Das Fett zum Sieden bringen. Die Gänseteile mit einem Küchentuch abtupfen, um möglichst viel Salz abzunehmen, dann in das Fett legen und etwa 2 Std. darin köcheln lassen. Achtung, das Fett darf in dieser Zeit nicht zu stark kochen. Abtropfen lassen, die Keulen am Gelenk halbieren und die Brust in dicke Scheiben schneiden. Zusammen mit gebratenen Kartoffeln (siehe Seite 221) servieren.

Julies Tipps –

Für ein schönes gebräuntes Confit und eine knusprige Haut muss das Fett am Anfang sehr heiß sein. Während des Garens sollte die Temperatur dann niedriger sein und das Fett nur noch leicht köcheln, damit das Fleisch nicht austrocknet.

IN SAFRAN POCHIERTER CHICORÉE MIT MARINIERTEM SEESAIBLING VON SÉBASTIEN BRAS

Für 6 Personen

Zubereitungszeit: 30 Min.

Garzeit: 15 Min.

Salz
1–2 g Safran
frische Kräuter, z. B.
Estragon, Kerbel, Sauerampfer,
Fenchelgrün, Bärlauch
6 junge Chicorée
1 Seesaiblingsfilet
200 g grobes Salz
20 g Zucker
2 Eier
150 ml Olivenöl
Saft von 1 Zitrone

In einem Topf Salzwasser mit Safran und einigen Kräuter zum Kochen bringen. Chicorée waschen und jeweils den bitteren Strunk herausschneiden. Ins köchelnde Wasser geben und in etwa 10 Min. weich garen. Der Chicorée sollte noch Biss haben. Abtropfen lassen und halbieren.
Inzwischen das Seesaiblingsfilet längs in sehr dünne Scheiben schneiden und diese auf einen großen Teller legen. Grobes Salz und Zucker mischen und den Fisch damit bestreuen. 10–15 Min. marinieren lassen und zwischendurch immer wieder wenden. Kalt abspülen und trocken tupfen.
Für die Vinaigrette die Eier 6 Min. lang kochen. Abschrecken, pellen und mit einer Gabel zerdrücken. Nach und nach 100 ml Olivenöl und den Zitronensaft unter ständigem Schlagen zugießen. Zum Schluss frische Kräuter (Estragon, Kerbel, Bärlauch) klein hacken und untermischen.
Die Fischscheiben mit dem restlichen Olivenöl bestreichen. Auf jeden Teller 1 EL Vinaigrette träufeln, jeweils einen halbierten Chicorée und einige Fischscheiben darauf legen. Mit Kräuterstängeln dekorieren und sofort servieren.

Julies Tipp –

Anstelle von Seesaiblings- können Sie auch Forellenfilet verwenden.

GEFÜLLTE LAMMBRUST
VON RÉGINE

Für 12 Personen
Zubereitungszeit: 20 Min.
Garzeit: 1 Std. 30 Min.

1 Lammkarree à 1,5–1,8 kg, in der Mitte längs aufgeschnitten
1 große Handvoll junger Mangold
2 Karotten
1 weiße Rübe

Für die Brühe
1 Karotte
1 weiße Rübe
1 Zwiebel
4 Gewürznelken
1 Bouquet garni (Lauch, Sellerie, Thymian, Lorbeer)

Für die Füllung
350 g Wurstbrät
300 g gekochter Schinken
1 Zwiebel
400 g mageres Kalbfleisch
1 Handvoll Petersilie
2 Handvoll Semmelbrösel, in 5 EL Milch eingeweicht
3 Eier
Salz
Pfeffer aus der Mühle

Für die Brühe 4 l Wasser in einen großen Topf, in dem das Lammkarree Platz findet, gießen. Das Lammfleisch einlegen, mit Salz würzen. Karotte und Rübe schälen, im Ganzen zufügen. Zwiebel abziehen, mit den Gewürznelken spicken und zusammen mit dem Bouquet garni ebenfalls ins Wasser geben. Das Ganze erhitzen und halb zugedeckt leicht köcheln lassen, während die Füllung bereitet wird.

Für die Füllung das Wurstbrät in eine tiefe Edelstahlschüssel geben. Den Schinken würfeln und im Mixer zerkleinern. Zum Wurstbrät geben. Zwiebel schälen, fein hacken. Kalbfleisch und Petersilie ebenfalls fein hacken. In die Schüssel geben. Semmelbrösel und Eier hinzufügen. Kräftig mit Salz und Pfeffer würzen. Mit beiden Händen gründlich vermischen.

Lammkarree herausnehmen, mit dieser Mischung füllen und die Öffnung mit Küchengarn fest zunähen. Das gefüllte Karree in die siedende Brühe geben und 1 1/2 Std. garen. Nach der Hälfte der Garzeit restliche Karotten und restliche Rübe schälen und zufügen (sie sollen noch bissfest bleiben). 10 Minuten vor dem Servieren Mangold in den Topf geben. Gemüse und Lammkarree herausnehmen, abtropfen lassen. Das Fleisch in Scheiben schneiden. Zusammen mit dem gegarten Gemüse servieren.

Julies Tipp –

Nach dem Garen lassen sich die Knochen sehr einfach herausziehen. Ich empfehle Ihnen, sie vor dem Anschneiden zu entfernen. Dann bleibt das Fleisch schön arrangiert.

Die Schneidwarenfabrik von Nontron, im grünen Périgord gelegen, fertigt täglich Messer der Extraklasse und führt so eine jahrhundertealte Tradition fort.

GEBRATENE KARTOFFELN VON ROGER

Für 4 Personen
Zubereitungszeit : 5 Min.
Garzeit : 25 Min.

Ein absoluter Klassiker aus dem Périgord, der aus nur vier Zutaten besteht: Kartoffeln, Fett, Knoblauch und Petersilie! Bei meinem Treffen mit Roger habe ich das Geheimnis des Gerichtes endlich verstanden: Die Kartoffeln werden doppelt gebraten, zunächst bei geringer Hitze, damit das Fett sie überzieht, und dann ein zweites Mal bei starker Hitze mit aufgelegtem Deckel, damit alles schön bräunt und durchgart. Ich hätte fast das Wichtigste vergessen: Die gehackte Petersilie wird erst ganz zum Schluss darübergestreut.

1 kg festkochende Kartoffeln
Salz
4–5 EL Gänse- oder Entenfett
1/2 Knoblauchzehe
3 Zweige Petersilie
grobes Meersalz

Die Kartoffeln schälen und mit einem Gemüsehobel in 5 mm dünne Scheiben schneiden. Mit Salz würzen. Gänse- oder Entenfett in einer großen gusseisernen Pfanne mittelstark erhitzen. Kartoffelscheiben darin etwa 10 Min. unter mehrmaligem Wenden anbraten, ohne sie zu bräunen.

Anschließend die Hitze erhöhen, einen Deckel auflegen und die Kartoffeln weitere 15 Min. braten. Zwischendurch wenden. Sie sollten schön gebräunt sein.

Knoblauchzehe schälen und durchpressen. Petersilie fein hacken. Beides zum Ende der Garzeit unterrühren. Die Kartoffeln mit grobem Meersalz bestreuen und servieren.

Noch ein Tipp von Roger: Durch das Auflegen eines Deckels bekommen die Kartoffeln eine schöne Kruste und fallen nicht auseinander.

Julies Tipp –
Entenfett hat mehr Aroma als andere Fette, deshalb schmecken die Bratkartoffeln besonders gut.

MAISPOULARDE
MIT ZWIEBELN

Für 6–8 Personen
Zubereitungszeit: 30 Min
Garzeit: 1 Std. 30 Min.

Aufgewachsen in der frischen Luft, aufgezogen mit Getreide und dem guten Mais der Landes, leben diese Hühnchen doppelt so lange wie ein Huhn aus der Batteriehaltung. Dieses typische Gericht der Region wurde früher am Sonntag und zu Dorffesten zubereitet.

500 g Geflügelklein
4 EL Gänse- oder Entenfett
1 Knoblauchknolle
300 ml trockener Weißwein, möglichst ein Tursan aus der Region
1 Bouquet garni mit Feldthymian, Melisse und Lorbeer
Salz
Pfeffer aus der Mühle
1 Bio-Maispoularde à 2 kg, in 8 Stücke geteilt
1 kg gelbe Zwiebeln
5 Scheiben Bauchfleisch oder getrockneter Bauchspeck, etwa 150 g
250 g einfach konzentriertes Tomatenmark
1/2 TL Piment d'Espelette (franz. Chiligewürz)
1 kg festkochende Kartoffeln, z. B. Charlotte

Für den Fond das Geflügelklein in einem Topf in der Hälfte des Fetts kräftig anbraten. Knoblauch schälen und die Zehen halbieren. Sobald das Geflügelklein schön gebräunt ist, Wein, Knoblauch und Bouquet garni zufügen. Mit Salz und Pfeffer würzen. Die Mischung zum Kochen bringen, 200 ml Wasser zugießen, einen Deckel auflegen und gute 15 Min. köcheln lassen.

Restliches Fett in einem großen Bräter erhitzen und die Poulardenteile darin von allen Seiten kräftig anbraten. Die Zwiebeln schälen und in Ringe schneiden. Die Speckscheiben dritteln oder vierteln.

Tomatenmark unter den Fond rühren, diesen zugedeckt weitere 10 Min. bei starker Hitze kochen lassen. Dann abseihen.

Poulardenteile aus dem Bräter nehmen. Das Bratfett abgießen. Speck und Zwiebeln im Bräter anschwitzen. Hühnerteile wieder einlegen. Mit Salz, Pfeffer und Piment d'Espelette würzen. Den Fond angießen. Einen Deckel auflegen und das Fleisch 1 Std. garen. Zwischendurch immer wieder umrühren. Kartoffeln schälen und je nach Größe halbieren oder vierteln. Nach der Hälfte der Garzeit in den Bräter geben.

Julies Tipps –

Das Wasser durch Geflügelbrühe ersetzen. Das gibt zusätzlich Geschmack. Die Zwiebel wird hier wie ein Gemüse behandelt: Sie wird nicht geschmort, sondern übergossen und saugt sich dann mit Bratensaft und Brühe voll. So lernt man sie von einer ganz anderen Seite kennen!

HÜHNCHEN-PIE
VON CHRISTIANE

Für den Teig
500 g Mehl
150 g Butter, gewürfelt
50 g Schmalz
20 g Salz
50 g Zucker
3 Eigelb + 2 Eigelb zum Bestreichen

Für die Füllung
2 Zwiebeln
5 mittelgroße Tomaten
2 EL Entenfett
Salz
500 g Bocksbartwurzeln, ersatzweise Schwarzwurzeln
1 Schuss Essig
1 Bio-Huhn à 1,2 kg, das Fleisch von den Knochen gelöst und grob gewürfelt
1 EL Mehl
150 ml trockener Weißwein
Pfeffer aus der Mühle

Julies Tipps –

Traditionell wird zuerst der Teigdeckel abgeschnitten und jeder bekommt davon ein Stück, dann wird die Füllung serviert. Erst zum Schluss nimmt man sich den Boden vor. Die Reihenfolge beim Servieren bliebt jedoch Ihnen überlassen.
Verwenden Sie Einweghandschuhe, um die Bocksbart- oder Schwarzwurzeln zu schälen, denn sie können leicht die Finger verfärben. Doch ihr köstliches Aroma lässt diese Unannehmlichkeit schnell vergessen!

Für 8 Personen
Zubereitungszeit : 20 Min.
Backzeit : 2 Std. 45 Min.
Ruhezeit : 2 Std. – 2 Tage

Für den Teig 2 Std. (laut Christine 2 Tage) vorher das Mehl auf eine Arbeitsfläche geben und in die Mitte eine Mulde drücken. Butterwürfel, Schmalz, Salz, Zucker und 3 Eigelbe hineingeben. Zügig zu einem glatten Teig verarbeiten und nach und nach 200 ml Wasser zugießen. Den Teig möglichst wenig bearbeiten, sonst wird er nicht elastisch. Zur Kugel formen, leicht flach drücken, in Frischhaltefolie wickeln und kühl stellen.

Für die Füllung die Zwiebeln schälen und fein hacken. Die Tomaten häuten und entkernen. Die Zwiebeln in wenig Entenfett anbraten, dann die Tomaten zufügen. Mit Salz würzen und in guten 30 Min. zur Sauce einkochen lassen.

Bocksbartwurzeln abschaben oder schälen (je nachdem, wie frisch sie sind), in Stücke schneiden und in Essigwasser legen, damit sie ihre weiße Farbe behalten.

In einem gusseisernen Bräter restliches Entenfett erhitzen. Die Hähnchenstücke darin rundherum goldbraun braten. Mit Mehl bestäuben und sofort den Wein angießen. Tomatensauce, Bocksbartwurzeln und 500 ml Wasser zufügen. Mit Salz und Pfeffer würzen und 1 Std. 30 Min. köcheln lassen.

Backofen auf 180 °C vorheizen. Den Teig in eine größere und eine kleinere Hälfte teilen. Die größere Hälfte für den Boden zu einem 45 cm großen und 5 cm dicken Kreis ausrollen und in eine entsprechend große, mit Backpapier ausgelegte Pieform legen. Einen Rand hochziehen und leicht überlappen lassen. Den restlichen Teig für den Deckel ausrollen.

Den Bräterinhalt mitsamt Sauce auf dem Teigboden verteilen. Den Teigdeckel auflegen. Fest mit dem überlappenden Teigrand zusammendrücken. In die Mitte des Teigdeckels eine kleine Öffnung schneiden. Eigelbe mit wenig Wasser verquirlen und den Deckel damit bestreichen.

Den Pie etwa 45 Min. im Backofen backen. Mit einer Nadel die Garprobe machen. Der Pie ist fertig, wenn eine eingestochene Nadel sauber wieder herauskommt. Heiß genießen.

Für 6 Personen
Zubereitungszeit : 20 Min.
Backzeit : 25 Min.
Ruhezeit : 15 Min.

WALNUSSKUCHEN VON MONIQUE

Ein Dessert, das noch kein Jahrhundert alt ist, doch schnell von den Bewohnern des Périgords angenommen wurde. Achten Sie darauf, ganze und keine gemahlenen Nüsse zu verwenden. Ein guter Rat: Bewahren Sie Walnusskerne kühl auf, damit sie nicht ranzig werden.

Für den Kuchen
150 g Walnüsse
150 g Zucker
1 Prise Salz
100 g Butter + 20 g für die Form
3 große Eier
2 gehäufte EL Mehl
8 Walnusshälften

Für die Glasur
115 g dunkle Schokolade (55 % Kakaoanteil)
35 g Butter

Den Backofen auf 200 °C Ober-/Unterhitze (Gas Stufe 7) vorheizen. Die Walnüsse knacken, die Kerne in der Küchenmaschine fein vermahlen, die Hälfte des Zuckers und das Salz hinzugeben und untermischen. Die Butter in einem Topf zerlassen. Den Topf vom Herd nehmen und den restlichen Zucker gründlich einrühren. Unter die Nussmasse rühren. Die Eier einzeln unterrühren, das Mehl dazusieben und untermengen. Eine Springform von 25 cm Durchmesser mit Butter einfetten. Die Teigmasse einfüllen. Den Kuchen etwa 20 Min. backen. Herausnehmen und auf einem Kuchengitter kurz abkühlen lassen. Aus der Form lösen.
Für die Glasur Schokolade und Butter im Wasserbad schmelzen. Auf der Oberfläche des noch warmen Kuchens verstreichen. Etwa 15 Min. lang fest werden lassen und dann mit der Gabelspitze feine Rillenmuster durch die Glasur ziehen. Den Kuchen mit den halben Walnusskernen garnieren. Kühl stellen und auch gut gekühlt servieren. Der Kuchen hält sich gekühlt bis zu 1 Woche.

Julies Tipps –

Ich empfehle Ihnen, die Walnusskerne im anfangs kalten Backofen zu rösten, während dieser vorgeheizt wird. Die Nüsse zwischen den Händen reiben, damit sich die Haut löst. Erst dann vermahlen. Sie können zusätzlich 50 g gehackte Walnüsse in den Teig geben. Monique verwendet zum Vermahlen niemals die Küchenmaschine, da die Nüsse darin zu sehr püriert werden und der Teig dadurch nicht so locker wird. Sie nimmt die Flotte Lotte.

KÜRBISKUCHEN
VON FRANCETTE

Für 8 Personen
Zubereitungszeit : 20 Min.
Backzeit : 35–45 Min.

1 kg Kürbis, z. B. Hokkaido-Kürbis, geschält, entkernt und gewürfelt
Salz
4 Eier
100 g Zucker
100 g Maismehl
1 Päckchen Backpulver
100 g gekochter Milchreis
3 EL Rum
1/2 TL Vanilleextrakt

Die Kürbisstücke in einem Topf in Salzwasser zum Kochen bringen und in 15–20 Min. weich garen. In einem Sieb abtropfen und abkühlen lassen.
Den Backofen auf 175 °C Ober-/Unterhitze (Gas Stufe 6) vorheizen. In einer Schüssel Eier und Zucker schaumig schlagen. In einer zweiten Schüssel Mehl und Backpulver mischen. Den abgekühlten Kürbis mit dem Milchreis mischen. Eier-Zucker-Mischung, Mehl mit Backpulver, Rum und Vanille zugeben. Das Ganze gründlich vermengen.
Den Teig in eine Backform mit Antihaftbeschichtung füllen und 35–45 Min. backen. Die Garprobe machen: Eine Messerspitze hineinstecken. Beim Herausziehen sollte kein Teig kleben bleiben. Den Kuchen aus dem Backofen nehmen und abkühlen lassen. Anschließend kühl stellen. Den Kuchen gut gekühlt genießen.

Julies Tipps –

Noch besser schmeckt der Kuchen, wenn er bereits am Vortag zubereitet wird. Der Kürbis macht ihn locker und leicht und man könnte wirklich endlos weiteressen…

Julies Tipps –

Verwenden Sie sehr feinen Zucker, da er sich besser in der Butter auflöst, und einen Cognac von guter Qualität, denn gerade sein Geschmack ist das Geheimnis dieses Kuchens. Geben Sie 20 g Schokolade mit 70 % Kakaoanteil hinzu. Es ist schwierig, so wundervolle Makronen zu backen wie Nadia, die übrigens ihr Rezept geheim hält, aber Sie können sie bei ihr bestellen (siehe Seite 247).

MAKRONENKUCHEN VON EMMA UND NADIA

Für 8 Personen
Zubereitungszeit : 15 Min.
Ruhezeit : 24 Std.

Nadia Fermigier, die mitten in Saint-Émilion eine Konditorei betreibt, ist die Einzige, die noch das Originalrezept für Makronen in Ehren hält. Ihre Nachbarin Emma Galhand hat mir dieses Familienrezept verraten, das sofort zu einem meiner Klassiker wurde.

Für den Kuchen
30 ml Cognac
45 Makronen, möglichst aus Saint-Émilion
300 g weiche Butter
250 g Zucker
130 g dunkle Schokolade (50 % Kakaoanteil)
200 ml fettarme Milch
2 Eigelb

Für die Glasur
130 g dunkle Schokolade (50 % Kakaoanteil)
50 g Butter

Eine Lage Backpapier auf einen flachen Teller legen. Einen Backring von 20 cm Durchmesser und mindestens 5 cm Höhe auflegen. Den Cognac in eine Schüssel gießen und mit 30 ml Wasser verrühren. Die Makronen in diese Mischung tauchen und das Innere des Ringes bis zum Rand mit getränkten Makronen auslegen. Dabei die flache Seite nach oben platzieren. Leicht zusammendrücken.
Butter und Zucker mit einer Gabel zerdrücken, dann mit dem Handmixer zu einer schaumigen Masse aufschlagen. Die Schokolade über dem Wasserbad schmelzen lassen, in eine große Schüssel gießen. Die Milch erwärmen. Die Eigelbe in eine zweite Schüssel geben und unter ständigem Schlagen die Milch zugießen. Die Eier-Milch-Mischung unter die Schokolade mengen und alles zur aufgeschlagenen Butter-Zucker-Masse geben.
Das Ganze mit dem Handmixer 1 Min. schlagen. Getränkte Makronen aus dem Backring nehmen, eine untere Schicht (etwa ein Drittel) als Boden belassen. Den Boden mit einem Drittel der Creme bestreichen. Mit einer Schicht Makronen bedecken, dabei jeweils die flache Seite nach oben legen. Darauf wiederum ein Drittel der Creme verteilen und mit einer weiteren Schicht Makronen bedecken. Diesen Schritt noch einmal wiederholen. Mit Frischhaltefolie abdecken, einen flachen Teller darüberlegen und diesen mit 500 g beschweren. Im Kühlschrank 24 Std. ruhen lassen.
1 1/2 Std. vor dem Servieren die Glasur zubereiten. Schokolade über dem Wasserbad schmelzen und die Butter unterrühren. Kuchen aus der Form nehmen. Mit der Glasur überziehen und bis zum Servieren kühl stellen. Den Kuchen 10 Min. vorher herausnehmen und in Stücke schneiden.

SCHOKOLADENTARTE
MIT CIDRE-KARAMELL UND CHILI

Für 8 Personen
Zubereitungszeit: 30 Min.
Backzeit: 30 Min.

Für den Teig
200 g Butterkekse
40 g Butter, zerlassen

Für die Ganache
150 g Schokolade
(60 % Kakaoanteil)
120 ml Sahne
35 g weiche Butter
1/2 TL Piment d'Espelette
(franz. Chiligewürz)

Für den Karamell
200 ml Cidre
250 g Zucker
120 ml Sahne

Den Backofen auf 200 C (Gas Stufe 7) vorheizen. Für den Teig Kekse fein vermahlen und die zerlassene Butter unterrühren. Den Boden einer Springform mit Backpapier belegen. Die Masse gleichmäßig auf dem Boden verteilen. Den Teig 10 Min. backen.

Inzwischen für die Ganache die Schokolade fein hacken. Die Sahne zum Sieden bringen und über die Schokolade gießen. Mit einem Schneebesen kräftig verrühren. Die weiche Butter und die Hälfte des Chiligewürzes zugeben. Die Mischung auf den Tarteboden gießen und kühl stellen.

Für den Karamell Cidre und Zucker in einem Topf langsam erhitzen, bis sich ein schöner Karamell bildet – die Masse sollte auf keinen Fall anbrennen!

Die Sahne zugießen und unter Rühren noch 7 Min. köcheln lassen. Den Karamell abkühlen lassen, dann auf der Ganache verteilen und die Tarte in den Kühlschrank stellen. Vor dem Servieren mit dem dem restlichen Piment d'Espelette bestäuben.

Julies Tipps –

Die Tarte 10 Min. vor dem Servieren aus dem Kühlschrank nehmen. Ich habe hier herben baskischen Cidre verwendet, doch Sie können auch gern Cidre aus der Normandie nehmen und den Zucker im Karamell etwas reduzieren.

PICON

237

ANHANG

REZEPTE NACH REGIONEN

REZEPTE NACH ART DER SPEISEN

VORSPEISEN & BEILAGEN

HAUPTGERICHTE

FLEISCH

GEFLÜGEL

FISCH & KRUSTENTIERE

KÄSE

HERZHAFTE TARTES & PIES

DESSERTS

REGISTER NACH PRODUKTEN

LEBENSMITTEL

KÄSE & MILCHPRODUKTE

ADRESSEN

REGION PARIS UND MITTE

PARIS

Restaurant Sur Mesure im Mandarin Oriental Paris
251 rue Saint-Honoré
75001 Paris
Tel.: +33 1 70 98 78 88
www.thierrymarx.com

Camélia im Mandarin Oriental Paris
251 rue Saint-Honoré
75001 Paris
Tel.: +33 1 70 98 78 88
www.thierrymarx.com

Restaurant Chez Denise Bernard Noël
5, rue Prouvaires
75001 Paris
Tel.: +33 1 42 36 21 82

The Office Emilie Suzanne Birot
19, rue des Frigos
75013 Paris
www.theofficelatable.com

PROVINS

La Roseraie de Provins
11 Rue des Prés
77160 Provins
Tel.: +33 1 60 58 05 78
www.roseraie-provins.com
(Rosengarten von Bruno Clergot)

Tour César
Rue de la Pie
77160 Provins
Tel.: +33 1 64 60 26 26

Mittelalterliche Festigungsanlagen
Chemin de Villecran
77160 Provins
Tel.: +33 1 64 60 26 26

HAUTE-VIENNE

La Ferme des Palennes Julien et Cécile Dupont
Les Palennes
87110 Le Vigen
(Züchter des Cul-Noir-Schweins)

PERCHE

La Maison d'Horbé
La Grand Place
61360 La Perrière
Tel.: +33 2 33 73 18 41
(Teestube, Brocante)

FONTAINEBLEAU

Pâtisserie Frédéric Cassel
71-73, rue Grande
77300 Fontainebleau
Tel.: +33 1 64 22 29 59
www.frederic-cassel.com
(Konditorei)

Salon de thé Frédéric Cassel
21, rue des Sablons
77300 Fontainebleau
Tel.: +33 1 60 71 00 64
(Teestube)

NORDWESTEN

SAINT-BRIEUC

Markt von Saint-Brieuc
Les Halles de la Grille
Place de la Résistance
22000 Saint-Brieuc

CANCALE

Austernmarkt
Port de la Houle
35260 Cancale

SAINT-MALO

Épices Roellinger
12, rue Saint-Vincent
35400 Saint-Malo
Tel.: +33 6 18 80 44 10
www.epices-roellinger.com
(Exklusive Gewürze von Olivier Roellinger)

NOIRMOUTIER

Louis Boutolleau
Rue de Noirmoutier
85680 La Guérinière
(Salinenarbeiter)

ANJOU

Le Manoir de la Tête Rouge Sophie Reynouard
3, place Jules Raimbault
49260 Le-Puy-Notre-Dame
Tel.: +33 2 41 38 76 43
www.manoirdelateterouge.com
(Gästezimmer)

Poterie de la Rose Bleue
Karin Chopin-Lollierou
21, rue de Croix de Fer
49700 Doué-la-Fontaine
Tel. : +33 2 41 59 86 83
www.rosebleue.fr
(Keramikatelier)

NANTES

Le Château des Ducs de Bretagne
4, place Marc Elder
44000 Nantes
Tel.: +33 8 11 46 46 44

Olivier Durand
Les Landes blanches
44840 Les Sorinières
(Gemüseanbau)

CORNOUAILLE

Boulangerie Ti Forn von Luc Cesvet
22, rue Gambetta
29770 Quimper
Tel.: +33 2 98 70 08 26
(Bäckerei)

Le Moulin de Keriolet
29790 Beuzec-Cap-Sizun
Tel.: +33 2 98 70 04 09
(Mühle)

SAINT-JEAN-D'ANGÉLY

Domaine de Rennebourg
Michèle et Florence Frappier
11, rue du Château
17400 Sant-Denis-du-Pin
Tel.: +33 5 46 32 16 07
(Pension)

NORDEN

PAYS DE FLANDRES

Le Jardin du Mont des Récollets
Emmanuel de Quillacq et Bruno Caron
1936, route de Steenvoord
59670 Cassel
Tel.: +33 3 28 40 59 29
(Garten)

Association Lingot du Nord
Z.A.E des Petits Pacaux
59660 Merville
Tel.: +33 3 28 49 65 32
www.lingotdunord.com
(Vereinigung zur Bewahrung der Lingot-Bohne)

BAIE DE SOMME

Fischmarkt
1, place des Pilotes
80230
Saint-Valéry-sur-Somme

ROUEN

La ferme du Bec Hellouin
1, sente du Moulin au cat
27800 Le Bec-Hellouin
Tel.: +33 2 32 44 50 57
www.fermedubec.com
(Biobauernhof)

La Petite Suite
Nathalie Langlois
Rue des Chanoines
76000 Rouen
Tel.: +33 6 30 89 59 82
www.lapetitesuiterouen.com
(Ferienwohnung in Rouen)

PAYS D'AUGE

La Ferme de la Vallée
Étienne et Marie-Thérèse Peltier
Route de Beaumont en Auge
14130 Reux
(Bio-Geflügel und -Fleisch)

Boulangerie-Pâtisserie
Philippe Gouley
8, rue de Poissy
78100 Saint-Germain-en-Laye
(Bäckerei & Konditorei)

BOULOGNE-SUR-MER

Les Soleils boulonnais – Association pour le maintien des traditions du Boulonnais
Marie-Claude Bontemps
www.les-soleils-boulonnais.com
(Gesellschaft zur Bewahrung örtlicher Traditionen)

OSTEN

JURA

Le Crêt l'Agneau
Lilian et Yves Jacquet Pierroulet
Le Crêt l'Agneau
25650 La Longeville
Tel.: +33 3 81 38 12 51
(Gästezimmer)

ADRESSEN

STRASBOURG

Poterie Friedmann
Nicole et Ignace Friedmann
Nicole et Ignace Friedmann
3 rue de Haguenau
67620 Soufflenheim
Tel.: +33 3 88 86 61 21
(Keramikatelier)

ALSACE BOSSUE

Le Moulin de Willer
Roger et Ariane Roesel
5, rue du Meunier
67260 Harskirchen
(Mühle)

MASSIF DES BAUGES

Ferme de la Correrie
Philippe et Sylvie Ginollin
73340 Aillon-le-Jeune
Tel.: +33 4 79 54 64 70
Käserei (Tome des Bauges)

PAYS DE MAURIENNE

Husky Adventure
Christophe Caron
73500 Aussois
www.husky-adventure.net
(Schlittenhunde)

REIMS

Champagne Alain Bernard
Benoît et Isabelle Bernard
116, rue Danielle-Casanova
51530 Dizy
Tel.: +33 3 26 55 24 78
www.champagne-alainbernard.com
(Champagner)

MOSELLE

„La Ferme lorraine"
2, place Raymond-Mondon
57000 Metz
Tel.: +33 3 87 63 09 09
www.la-ferme-lorraine.com
(Landgasthof u. Ferienhäuser)

SÜDOSTEN

MENTON

Association La Capeline de Menton
14 avenue Maréchal Juin
06500 Menton
Tel.: +33 4 93 35 25 22
www.lacapelinedementon.fr
(Folkore-Vereinigung)

Chai Moi
Jean-Marc et Monique Jouneau
06500 Castillon
Tel.: +33 4 93 28 39 61
(Landgasthof)

CAP CORSE

U Fossu
Valérie Dellapina
Lieu Dit Porto
20238 Centuri
(Lebensmittel)

PAYS DES MAURES

Restaurant La Pesquière
1, rue des Remparts
83990 Saint-Tropez
Tel.: +33 4 94 97 05 92
(gegründet von Jacques Cadel und weitergeführt von Marie-Anne Cadel)

PAYS CATHARE

Auberge Côté Jardin
David Prevel
7 Avenue 113
11200 Conilhac-Corbières
Tel.: +33 4 68 27 08 19
www.aubergecotejardin.com
(Hotel)

Boucherie Brieu & Fils
Michel Brieu
40 rue du Pont Vieux
11000 Carcassonne
(Metzgerei)

BAUX DE PROVENCE

Moulin de Saint-Jean
Famille Sourdon
Route de Saint-Jean
13990 Fontvieille
Tel.: +33 4 90 54 72 64
(Herstellung von Olivenöl)

La Boutique de Jeanne
Jeanne Bayol
24 C, avenue Albin Gille
Z.A. de la Gare
13210 Saint-Rémy-de-Provence
Tel.: +33 4 90 94 87 78

Confiserie Lilamand
5, avenue Albert Schweitzer
13210 Saint-Rémy-de-Provence
Tel.: +33 4 90 92 12 77
www.confiserie-lilamand.com
(Süßwaren)

VERCORS

Cuisine et Passion en Vercors
Tél. : 06 48 63 71 49
www.cuisineetpassionenvercors.com

DROME

L'Essentiel de lavande
1554, chemin de la suquée les Homais
26130 Clansayes
Tel.: +33 6 62 86 64 12
www.essentiel-de-lavande.com
(Lavendelanbau und Verkauf von Lavendelprodukten)

La Ferme Les Eybrachas
Virginie Simian
745, chemin des Eybrassas
26230 Reauville
Tel.: +33 6 86 91 88 99
(Trüffel und Trüffelprodukte)

SÜDWESTEN

PAYS BASQUE

Société gastronomique
Gaztelu Zahar
45, rue du port
64700 Hendaye
www.gazteluzahar.com
(gastronomische Gesellschaft)

Cidrerie Txopinondo
Z.A. Lan zelai, Sagamotegi
Bidea RD 918
64310 Ascain
Tel.: +33 5 59 54 62 34
www.txopinondo.com
(Cidre-Herstellung)

PÉRIGORD

Coutellerie de Nontron
33, rue Carnot
24300 Nontron
www.couteau-nontron.fr
(Schneidwaren)

PÉRIGORD NOIR

Le Foie gras Crouzel
Roger Crouzel
Le Temple
24590 Salignac
Tel.: +33 5 53 28 80 83
www.crouzel.com
(Gänseleberpastete)

Élevage du Bouyssou
Nathalie et Denis Mazet
24200 Carsac Aillac
Tel.: +33 5 53 31 12 31
(Gänsezucht)

GIRONDE

Restaurant La Poudette
Frédéric Jombart
1 Bernadigot
33350 Pujols
Tel.: +33 5 57 40 71 52
www.la-poudette.com

AVEYRON

Restaurant le Suquet
Sébastien Bras
Route de l'Aubrac
12210 Laguiole
Tel.: +33 5 65 51 18 20
www.bras.fr

Coopérative Jeune montagne
La Borie Neuve
12210 Laguiole
Tel.: +33 5 65 44 35 54
www.jeune-montagne-aubrac.fr
(Käse)

LANDES

Domaine de Millon
Route de Saint Geours
40140 Soustons
Tel.: +33 5 58 41 58 10
www.domainedemillon.fr
(Hotel)

SAINT-ÉMILION

Boutique Les Macarons de Saint-Émilion
Nadia Fermigier
9, rue Guadet
33330 Saint-Emilion
Tel.: +33 5 57 24 72 33
www.macarons-saint-emilion.fr
(Makronen)

DANK

Ein großes Dankeschön an alle, die mir so großzügig ihre Familienrezepte zur Verfügung gestellt haben.

Dank auch an meinen Freund und Koproduzenten Pierre-Antoine Capton, ohne den dieses Buch nie entstanden wäre.

Ich danke dem gesamten Team
von 3e Œil Productions:
Pierre Coutinet
Justine Planchon
Christophe Pinguet
Élodie Gironde
Krystel Wallet
Xénia Buet
Valentine Oudard
Marine Pitel
Julien Rochereau
Margaux Rivoallan
Léa Fourré

Danke für die Umsetzung:
Laurent Sbasnik
Cédric Terrasson
Damien Pourageaux
Antoine Robert
Mathieu Duboscq

Sowie allen beteiligten Kameraleuten und Tontechnikern.

Ein großes Dankeschön an Alain Ducasse und seinem Lektorat:
Aurore Charoy
Alice Gouget
Églantine André-Lefébure
Jessica Rostain
Camille Gonnet

Danke euch, Pierre Tachon und Sophie Brice.

Danke, Virginie Garnier, Guillaume Czerw und alle, die uns so großzügig ihre Fotos zur Verfügung gestellt haben.

Ein Dank an France 3 und an:
Laurence Knoll
Fabienne Gauthier
Dana Hastier
Patrick Charles
Inès Chapard

Ich danke Mathilde Laborderie und Monichéra Oum für ihre wertvolle Zusammenarbeit.

Ein besonderer Dank an meinen Mann Stéphane, meine Kinder und meine Freunde, die zu Hause immer wieder die Rezepte des Reisejournals gekostet haben.

REDAKTIONSLEITUNG
Aurore Charoy

CHEFLEKTORAT
Alice Gouget

TEXTLEKTORAT
Églantine André-Lefébure
Jessica Rostain

FOTOS
Virginie Garnier und Guillaume Czerw

S. 118: © Bernard 63 / Fotolia.com; © Marine 26 / Fotolia.com; © David-bgn / Fotolia.com
S. 119: © Arndale / Fotolia.com; © Dominique Vernier / Fotolia.com; © Philippe Devanne / Fotolia.com

STYLING
Marlène Dispoto

KÜNSTLERISCHE LEITUNG & GRAFIKKONZEPT
Soins Graphiques
Pierre Tachon & Sophie Brice

ILLUSTRATIONEN
Julien Michel

LAYOUT & FOTOREPRODUKTION
Nord Compo

Die Originalausgabe erschien 2016
Unter dem Titel ›Le Tour de France Gourmand‹
bei Alain Ducasse Edition
2 rue Paul Vaillant Couturier
92532 Levallois-Perret Cedex
Frankreich

Aus dem Französischen von Birgit van der Avoort

1. Auflage 2017

Covergestaltung und Satz: schoelldesign, München

Printed in China

ISBN 978-3-8369-2127-5
www.gerstenberg-verlag.de